盛世御窑

国有文物商店
典藏瓷器

十竹斋艺术集团 · 编著

江苏凤凰美术出版社

盛世御瓷　耿宝昌

·《盛世御窑——国有文物商店典藏瓷器》编委会

- 名誉主编：耿宝昌
- 学术指导：耿东升、钱伟鹏
- 主　　编：董盛、刘军
- 副 主 编：方萌、王波
- 编　　委：范舟、蒋斌、李春英、李卫、裴宁、孙蓓、帖子琪、王春丽、吴健、王青、王一乾、
　　　　　　薛飞、张丹、章洪、赵婧、朱晓斌（按拼音首字母排序）
- 题　　字：耿宝昌
- 策　　划：陈卫国、阮晴沛、王波
- 文案撰写：蔡楷、程晓中、房悦、高海洋、李润洋、刘天行、宋歆怡、帖子琪、汪亮、王卓凌、
　　　　　　吴珍妮、严俊、郁琳、张驰辰、张晶晶、赵磊、张之光（按拼音首字母排序）
- 艺术顾问：南京市文化名家工作室·顾颖工作室
- 展览策展人：宋歆怡、胡海心
- 项目协调：窦韵、徐淑君
- 文物摄影：陆尧、唐新予
- 展览协助：虞文炎、毛国强、胡宁康、王子轶、曹翔
- 综合服务：樊凯、张倩、夏雪、嵇格格
- 特别鸣谢：南京城墙博物馆
- 鸣谢单位：广州市文物总店、杭州市文物有限公司、湖州文物有限公司、
　　　　　　上海文物商店、绍兴市文物有限公司、四川省文物总店、
　　　　　　四川晓瓷堂文化传播有限公司、天津市文物交流中心、
　　　　　　扬州文物商店有限责任公司、镇江市文物商店（按拼音首字母排序）

目录

『盛世御窑——国有文物商店典藏瓷器精品展』撷英

耿东升

中国国有文物商店在半个多世纪的发展过程中，各地文物商店收购了大批流散文物，避免了文物流失被破坏，保护了国家重要文化遗产。它不仅为全国各地博物馆提供了珍贵文物藏品，也为国家培养文物鉴定人才做出了巨大贡献。今天，原南京文物店下属单位十竹斋艺术集团举办的"盛世御窑——国有文物商店典藏瓷器精品展"，选取了各省市国有文物商店藏品中"压箱底"的镇店之宝对外展示。展览分为"永宣并贵""成化中兴""康窑极轨""雍窑秀雅""乾隆华缛"五个篇章，可谓精品荟萃、异彩纷呈。精美的瓷器不仅承载了厚重的历史，也铭刻了珍贵的文化记忆。现结合明清陶瓷生产发展史，将展览中的展品撷英选粹加以论述。

明清时期是中国陶瓷器生产的巅峰时期，形成了以景德镇为中心的陶瓷生产局面，有官窑与民窑之分。其中，景德镇御器厂生产的官窑瓷器代表了中国制瓷业的最高成就。清代蓝浦《景德镇陶录》记洪武二年（1369年）："就镇之珠山设御窑厂，置官监督，烧造解京。"[1] 明代景德镇御器厂在元代基础上不断创新，开启了明王朝之新风貌。景德镇御窑厂烧造官窑瓷器供宫廷使用，包括朝廷对内对外赏赐和交换的需要。御用瓷烧制量较大，宣德八年（1433年）依尚膳监的"需要"，一次烧造龙凤瓷器四十四万三千五百件。《明史》记成化年间（1465—1487年）："烧造御用瓷器，最多且久，费不赀。"[2] 明代万历王世懋《二酉委谭》记述当时景德镇的景象时说："万杵之声殷地，火光炸天，夜令人不能寝。戏呼之曰四时雷电镇。"[3] 明代宋应星《天工开物》记载："合并数郡，不敌江西饶郡产……若夫中华四裔，驰名猎取者，皆饶郡浮梁景德镇之产也。"[4] 从文献记载可见其宏大的生产规模，其产量之高、质量之精、品种之丰富，令人赞叹。明清时期瓷器品种有釉下彩瓷、釉上彩瓷和颜色釉瓷器等，五彩缤纷，争奇斗艳。釉下彩瓷包括青花、釉里红、青花釉里红等品种。

青花瓷器是明代景德镇瓷器生产的主流品种之一。明代洪武官窑青花瓷生产上承元代、下启永宣两朝，以古朴粗犷、气势雄伟为主要特征，同时也显示出趋于简练、纹饰图案向文人画文雅韵致的方向发展。洪武青花缠枝花卉纹菱

图1　洪武青花缠枝花卉纹菱花口盏托

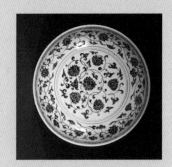

图2　明永乐青花缠枝莲盘

图3　明永乐青花一束莲纹大盘

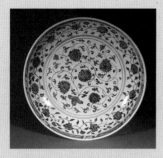

图 4　明永乐青花缠枝莲纹大盘

图 5　明永乐青花花卉纹菱花口盆

图 6　明宣德青花缠枝莲纹钵

图 7　明成化青花九秋图罐

花口盏托(图1)为洪武时期典型器式之一,其纹饰布局疏朗清气,青花明艳雅致。洪武一朝青花器传世较少,故而珍贵。

　　永宣时期的青花瓷器,以其胎釉精细、青色浓艳、造型多样和纹饰优美而负盛名,被称为青花瓷器生产的黄金时代。永乐青花瓷器采用进口的苏泥渤青料,其色泽浓艳、清晰明快,装饰纹饰丰富多彩;器物造型在元代和洪武基础上加以改进与创新,形制新颖、优美俊秀,胎体薄厚适中,胎质细腻洁白,较宣德相比胎薄体轻,砂底细腻光润。清代蓝浦《景德镇陶录》记载:"永窑……土埴细,质尚厚,青花深翠,式样精妙,若后来仿制者殊差!"[5]盘类是永乐时期的典型样式,有敛口、敞口和折沿等形制。明永乐青花缠枝莲盘(图2)、青花一束莲纹大盘(图3)、青花缠枝莲纹大盘(图4),这几种类型的器物,自元代景德镇窑开始生产,即有青花品种。明代洪武时期有青花和釉里红制品,永乐宣德时期的青花制品较为多见,装饰纹样多样,有缠枝花卉纹、把莲纹、枇杷绶带鸟纹等。明永乐青花花卉纹菱花口盆(图5),造形敦厚雅致,形制少见,纹饰精美,青花发色浓艳。

　　宣德时期青花瓷器,明代王士性《广志绎》中评价说:"本朝以宣(宣德)成(成化)二窑为佳。宣窑以青花胜,成窑以五彩。"[6]清代蓝浦《景德镇陶录》中有宣德瓷器"诸料悉精,青花最贵"的说法,其艺术成就被称为"开一代未有之奇"[7]。明宣德青花缠枝莲纹钵(图6),造形小巧别致,为宣德青花器的佳品。

　　成化时期景德镇御窑厂生产的瓷器一改永宣时期雄健豪放的风貌,以轻盈秀雅的风格独步一时,为世人所推崇。许之衡《饮流斋说瓷》载:"成化五彩,青花均极工致,青花蓝色深入釉骨,画笔老横,康熙犹当却步也。"[8]成化青花选用平等青料,呈色淡雅柔和、清爽宜人。明成化青花九秋图罐(图7),造形端庄秀雅,釉质温润肥腴,纹饰画意生动,绘制纤柔精细,为成化御窑青花之精品。《博物要览》评价说:"成窑上品,五彩供养浅盏,草虫浅盏,青花纸薄酒盏,五彩齐箸小碟、香盒、各制小罐,皆精妙可人。"[9]明成化青花狮球纹盘（图8），纹饰采取双线勾勒填色绘制技法，画工规整，笔触秀丽，线条优美，给人以清新悦目之感。明成化青花人物纹高足碗（图9），造形俊美，绘画恬淡柔雅，笔触秀逸，人物栩栩如生，引人入胜。

长达48年之久的明代万历朝，在中国陶瓷发展史上有重要地位。《明史·食货志》记载："采造之事，累朝侈俭不同。大约靡于英宗，继以宪武，至世宗神宗而极。"[10]万历一朝生产瓷器较多，制样可谓极尽巧思，各种器型层出不穷，最常见的是各式瓷盒与文具类。明万历青花双龙戏珠纹银锭式盖盒（图10）即为万历时期的代表作。器身青花绘双龙腾跃，五爪祥龙威风凛凛，纹饰布局繁密，笔画稚拙，青花发色幽静明亮。正如邵蛰民《增补古今瓷器源流考》中的评价："隆万厂器土填坟，质有厚薄，色兼青彩，制作益巧，无物不有，汁水莹厚如堆脂。"[11]明万历青花穿花龙纹花觚（图11），形制壮硕，烧制难度极高，纹饰精致，传世品中鲜见，仅见故宫博物院收藏有同款的器物，故弥足珍贵。

入清以后，景德镇窑继续明代冶陶的辉煌。清刘廷玑《在园杂志》记载："至国朝御窑一出，超越前代，其款式规模，造作精巧。"[12]康雍乾三朝是清代青花瓷生产的巅峰时期。《清史稿》中"康窑"记有"时江西景德镇开御窑，源呈瓷样数百种，参古今之式，运以新意，备诸巧妙，于彩绘人物、山水、花鸟，尤各极其胜，及成，其精美过于明代诸窑。"[13]康熙时期不仅官窑器瓷工艺精湛，民窑瓷器生产也达到了顶峰。康熙青花使用云南的"珠明料"，青花达到了绘画中"墨分五色"的艺术意境，素有"青花五彩"之誉。清康熙青花五老观鱼图诗文笔筒（图12），画工精湛，青花艳丽，格调高雅。清康熙青花百寿纹束腰笔筒（图13），以吉祥"寿"字为饰，字体端庄规整，独具巧思，为康熙时期的至精之作。邵蛰民《增补古今瓷器源流考》记有"青花绘山水、人物、花卉及书辞赋之笔筒以康熙一代为最多"[14]。

雍正一朝为时虽仅13年，但制瓷工艺发展到了历史上的新水平。雍正时期青花瓷器一改康熙朝浑厚古拙之风，代之以轻巧俊秀、工美妩媚之貌，其中以仿制明代永乐、宣德尤为精美。清雍正黄釉青花缠枝花卉纹梅瓶（图14），

图8　明成化青花狮球纹盘

图9　明成化青花人物纹高足碗

图10　明万历青花双龙戏珠纹银锭式盖盒

图11　明万历青花穿花龙纹花觚

图12　清康熙青花五老观鱼图诗文笔筒

图 13　清康熙青花百寿纹束腰笔筒

图 14　清雍正黄釉青花缠枝花卉纹梅瓶

图 15　清雍正青花釉里红缠枝莲纹如意耳瓶

图 16　清乾隆青花粉彩花神诗文瓶

造形、纹饰和青花均以永窑为摹本，加之青料点染以模仿永乐青花铁锈斑点，并将本朝工艺和审美融入其中，清新淡雅，精美绝伦，是与永乐青花相媲美的仿古佳器。

青花釉里红是釉下彩瓷品种之一，始烧于元代。由于青花钴料与铜红料烧成温度以及窑室气氛要求不同，烧成难度大，元代器物罕见。至清代雍正时期，青花釉里红烧制技术娴熟，制品最好。青花色泽翠蓝幽靓，釉里红娇艳俏丽，相映成趣。清雍正青花釉里红缠枝莲纹如意耳瓶（图15），造形端庄隽秀，青花苍雅，釉里红妍丽，二色辉映，珍罕难得。此器为雍正时期唐窑新出器样，因两侧对称置如意形绶带耳，故称"如意尊"。许之衡《饮流斋说瓷》记载："如意尊高约六七寸，上杀下丰，口巨躯短。清初多作青花，若纯色釉及暗花者，亦为雅制。"[15]

粉彩是清代著名的釉上彩瓷品种之一，始创于康熙年间，雍正、乾隆时期盛行，以柔和细腻见长，有别于五彩的强烈光彩，故称为"软彩"。它是由珐琅彩衍生而成的一个新品种。许之衡《饮流斋说瓷》记载："软彩又名粉彩，谓彩色稍淡，有粉匀之也。硬彩华贵而深凝，粉彩艳丽而逸清"[16]。清乾隆青花粉彩花神诗文瓶（图16），形制高大，多彩绘制，诗书画相结合的装饰纹饰凸显了文人画风的艺术风格。邵蛰民《增补古今瓷器源流考》评论乾隆窑"其制作之巧妙，彩色之艳丽，可谓前无古人，后无来者。"[17]

斗彩是釉下青花与釉上彩绘相结合的彩瓷品种之一，创烧于明代宣德时期，尤以成化斗彩瓷器堪称瓷中瑰宝。朱琰《陶说》中评论道："古瓷五彩，成窑为最，其点染生动，有出于丹青家之上者。画手固高，画料亦精。"[18]著名陶瓷鉴定家孙瀛洲有"成化瓷器，胎质细腻纯白，白釉莹润如脂，彩色柔和，笔法流利，造形轻灵秀美，表里精致如一"的赞誉。明成化斗彩满池娇图盘（图17），纹饰精美，画工精湛，色彩绚丽，为成化斗彩的代表作。明沈德符《敝帚斋余谈》云："本朝窑器，用白地青花，间装五色，为古今之冠。如宣窑品最贵，近日又重成窑，出宣窑之上。"[19]

清代雍正斗彩器一改明代以来釉上五彩与釉下青花相结合的传统工艺，将当时盛行的釉上粉彩代替釉上五彩，使粉彩与釉下青花相结合，色彩更加娇艳多姿。其绘制填色准确，所填彩料很少出纹饰轮廓线之外，其工艺精湛令人称绝。许之衡《饮流斋说瓷》记："是豆彩（即斗彩），康雍至精，若人物、若花卉、若鸟兽，均异彩发越，清茜可爱。"[20] 雍正时期斗彩器继承明代成化"斗彩"工艺，既模仿又创新，造形和纹饰比成化器更为丰富，色彩更加艳丽。成化斗彩多小件器物，雍正除小件器物外，还有瓶、尊、壶、大盘等大件器物。清雍正斗彩团龙纹罐（图18）、清雍正斗彩团花碗一对（图19），造形秀美，胎薄体轻，洁白细腻，所饰龙纹气势磅礴，团花秀丽多姿，诸彩淡雅柔和，画工精湛入微，为雍正御窑斗彩的代表作。

彩釉作为陶瓷装饰技法之一，展示了陶瓷艺术的精神内涵。中国传统颜色釉瓷温厚而含蓄，呈现出明澈与幽静的意境，凝结着古拙与朴素的艺术精神。中国传统颜色釉种类尤为丰富，釉色多达几十种，呈色不同、格调互异，却具有独特的审美情趣与艺术风格。明清时期的颜色釉瓷器烧造与彩瓷同样异彩纷呈，达到了极高的艺术水准。

永乐时期的甜白釉，釉色莹润，给人以一种"甜"的感觉。明代黄一正所撰《事物绀珠》卷二十二记载："永乐、宣德二窑内府烧造，以鬃眼甜白为常……"[21] 永乐甜白釉瓷造形有盘、高足碗、杯、梅瓶、壶等，以划花和印花器为上品，精美绝伦。明永乐白釉束莲纹大盘（图20）为其代表作，纹饰典型，划花线条流畅自然。

黄釉瓷在明清官窑中占有重要地位。《通典》注："黄者，中和美色，黄承天德，最盛淳美，故以尊色为谥也。"[22] 黄色是明清历朝帝王所崇尚的颜色，成为尊贵、权力的象征。因"黄"与"皇"谐音，黄釉瓷是皇家尊严的体现，被宫廷垄断，严禁民间使用。明清两朝对黄釉瓷的使用有明确规定。自明初以来，色地釉瓷已被皇家以法典的形式确定为御用瓷，尤其是黄釉瓷，成为明清各朝所御用。明代嘉靖黄釉罐（图21），通体光素无纹，釉彩明艳光润，较为少见。

雍正时期追求清新素雅的审美情趣，致使这一时期单色釉瓷器得到了空前

图17　明成化斗彩满池娇图盘

图18　清雍正斗彩团龙纹罐

图19　清雍正斗彩团花碗一对

图20　明永乐白釉束莲纹大盘

图21　明代嘉靖黄釉罐

图 22　清雍正霁蓝釉碗一对

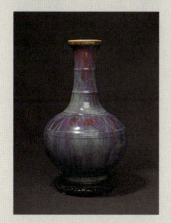

图 23　清乾隆窑变釉弦纹赏瓶

图 24　明何朝宗款关帝圣君像

发展，唐英《陶成纪事碑记》所载 57 种瓷器品种中，颜色釉瓷器占有多半数，其品种繁多，技艺登峰造极，仿古与创新并举。

高温蓝釉始烧于元代景德镇窑，明代蓝釉又称为"霁蓝""霁青""祭蓝"等。宣德时期蓝釉烧造工艺娴熟，色泽纯正如蓝宝石鲜丽，又称为"宝石蓝"，后人推宣德蓝釉为宣窑中的上品。雍正时的霁蓝釉器，釉面色调匀净、青花泛紫，达到了较高的艺术水平。清雍正霁蓝釉碗一对（图 22），色泽明艳如宝石。

宋代瓷器稀少名贵，素有"千金易得，宋瓷难求"之说，为后人所推崇和仿烧。明清时期景德镇窑盛行仿前朝名窑佳器之风，其中仿宋代五大名窑的瓷器取得了很大的艺术成就。仿宋钧窑以江西景德镇窑最为著名。仿钧始于明代宣德时期，清代雍正乾隆时期仿烧宋代钧窑等诸多名窑的风气达到了高潮，造形、彩釉及装饰，达到了"仿各种名釉，无不巧合，五光十色，无美不备"的水准，清蓝浦《景德镇陶录》云："仿肖古名窑诸器无不媲美，仿各种名釉无不巧合。"[23] 雍正皇帝钟爱宋代钧瓷，多次谕旨御窑厂按原器仿烧。雍正七年（1729 年），当时协理窑务的督陶官唐英曾派"厂署幕友"吴荛圃调查钧窑釉料的配方和制法，经多次试制烧成仿宋钧器，成功地烧造出几可乱真的窑变釉、仿钧釉及炉钧釉等。

仿钧窑变釉为清代传统色釉品种之一，清人《南窑笔记》云："其钧窑及法蓝、法翠乃先于窑中烧成无釉涩胎，然后上釉，再入窑中复烧乃成，唯蓝、翠一火即就，钧釉则数火乃得流淌各种天然颜色。"[24] 以清代雍正、乾隆二朝仿烧的制品最好。清乾隆窑变釉弦纹赏瓶（图 23），彩釉鲜丽，铭记乾隆年款，时代特征鲜明。

明清时期中国陶瓷生产，除景德镇外，德化窑烧造的白瓷举世无匹，被誉为"中国白"。明清时期德化窑烧造白瓷，胎质细腻，透光度好，釉面纯净光润，质白如脂，胎釉浑然一体，如雪似霜。德化白瓷摒弃彩饰，追求雕塑美和质地美，尤以瓷雕最负盛名。以何朝宗为代表的一代宗师的瓷雕之作，工艺精湛，格调高雅，艺术风韵独树一帜。明何朝宗款关帝圣君像（图 24）、明林希宗款披座观音像（图 25），人物塑造栩栩如生，彰显了大师的工艺水平，为上佳之作。

总之，此次展览瓷器虽数量有限，但具有代表性和珍稀性，它不仅凝聚着文物商店员工辛勤的劳动和保护国家珍贵文物的赤诚之心，也展示出国有文物商店的陶瓷器收藏水平。《考工记》中说："天有时，地有气，材有美，工有巧，合此四者，然后可以为良。"明清时期瓷器正是天地人和、天工巧夺之作，其独具特色的艺术风韵，为后人所垂青。陶瓷艺术成就斐然，源自高尚的中国传统文化、制瓷工匠精益求精的艺术追求。明清御窑瓷器是中国艺术史上的宝贵财富，为人类文明史与世界文化史写下了不朽的篇章。

（作者系：中国国家博物馆古代陶瓷研究所所长、研究馆员）

图25　明林希宗款披座观音像

注释：

[1] [5] [7] [23]（清）蓝浦著，郑廷桂补辑：《景德镇陶录》，1891年。

[2] 李洵著：《明史食货志校注》，中华书局，1982年。

[3] 王世懋撰：《二酉委谭摘录》，中华书局，1985年。

[4]（明）宋应星著：《天工开物》，商务印书馆，1954年。

[6]（明）王士性撰，吕景琳点校：《广志绎》，中华书局，1981年。

[8] [15] [16] [20] 许之衡著：《饮流斋说瓷》，黄山书社，1992年。

[9]（清）谷应泰著：《博物要览》，商务印书馆，1939年。

[10]（清）张廷玉等撰：《明史》，中华书局，1997年。

[11] [14] [17] 邵蛰民辑著，余戟门增补：《增补古今瓷器源流考》，1938年。

[12]（清）刘廷玑撰：《在园杂志》，中华书局，2005年。

[13]（清）赵尔巽等纂：《清史稿》，清史馆，1928年。

[18]（清）朱琰撰：《陶说》，中华书局，1991年。

[19]（明）沈德符撰：《敝帚斋余谈》。

[21]（明）黄一正辑注：《事物绀珠》。

[22]（唐）杜佑撰：《通典》，浙江古籍出版社，2007年。

[24]（清）张九钺编撰：《南窑笔记》，广西师范大学出版社，2012年。

癸卯深秋，由南京十竹斋艺术集团主办的"盛世御窑——国有文物商店典藏瓷器精品展"，在古城金陵的南京城墙博物馆隆重举办。这是一次期待已久的瓷器精品展，上一次的全国文物商店精品展还是在 20 世纪 90 年代初。当时由国家文物局在天津举办，是全国文物商店向各大博物馆院提供藏品的一次展示。弹指一挥间，已过去 32 年矣。

作为文物商店的一员老兵，我感慨良多。我有幸在改革开放初期就进入文物商店工作，目睹、见证并经历了那段辉煌而艰苦的时期。

自中华人民共和国成立伊始，全国各地先后筹建了文物商店。文物商店属于事业单位，主要任务是负责民间文物的收购，同时向博物馆提供藏品。对于 1796 年嘉庆以后的文物，由国家文物总店对各地文物商店进行业务指导，各文物商店本着"少出多汇，细水长流"的政策，经营文物，为国家出口创汇。国有文物商店曾经为中国文博事业做出巨大贡献。今天陈设在国家博物馆、故宫博物院，以及各省市博物馆的许多国宝重器，均由全国各地文物商店提供。如：南京市博物馆的元青花萧何月下追韩信梅瓶是南京文物公司提供的，扬州文物商店为扬州博物馆提供了元代祭蓝白龙梅瓶、为无锡博物院提供了元代倪云林山水立轴，苏州文物商店提供给了苏州博物馆永乐青花压手杯，江西文物商店提供给了江西博物馆元代釉里红瓷器一组，等等。林林总总，不胜枚举。

随着国内拍卖业的兴起，各地文物商店都在逐步地转型，以适应国内文物市场的变化。但是，文物商店对国家和社会所做出的巨大贡献，永远被记录在史册中。

时至今日，还活跃在艺术品市场的国有文物商店已经屈指可数，而南京十竹斋艺术集团正是其中的佼佼者。怀着一种深深的情怀，30 多年后，把全国文物商店的库存精品汇聚在一起展出，更把展品定位为瓷器精品，年代集中在明代的永乐、宣德、成化，清代的康熙、雍正、乾隆，可以让广大爱好者一饱眼福。

自明代初建立御器厂烧造官窑瓷器，景德镇自此窑火不断，延烧 600 余年。其中永乐、宣德、成化时期是明代官窑瓷器烧造技术的高峰，名品迭出，世称

"明三代"。到了清代康熙年间，将御器厂改名为御窑厂，由于朝廷对瓷器生产的高度重视，特别是唐英主持御窑厂期间，中国官窑技术达到了空前的高度，在继承"明三代"优秀官窑优点上再创高峰，创烧出许多新品种，采用了不少新工艺技术，创造了无数的辉煌，世称"清三代"。

"明三代""清三代"是明清两朝国力最强盛时期，也是景德镇官窑瓷器最重要的历史时期。此期间国富民强，在官窑瓷器上，名品迭出：永乐甜白、永乐青花釉里红、铜红釉、中温黄色彩绘、宣德五彩和仿定、仿汝、仿钧、仿官哥、翠青釉、成化斗彩等名品融合了中西文化，对后世的官窑影响深远。此次展览中有成化五彩莲塘鸳鸯盘、永乐甜白刻暗花盘、宣德青花碗、永乐青花缠枝莲花牡丹纹菱口花盆、永乐青花葡萄纹大盘、永乐青花龙纹瓷砖、成化青花狮子戏球纹盘、成化青花树石栏杆纹罐、康熙豇豆红印盒、康熙青花五彩花神杯、雍正黄地青花盖瓶、雍正斗彩团龙纹罐、雍正青花釉里红绶带尊、乾隆洋彩御题诗纹大瓶等，都是明清御窑精品和典型器物，艺术性、稀缺性均为一时之选。

文物是一个国家和民族永恒的记忆，它以实物的形式存储着不同时代的人文信息，传承着国家、民族生生不息的基因密码。且这些文物都是先人的智慧结晶，是彰显中华民族强大的物质基础与精神物证，特别是我国历史上繁荣期的文物，更值得我们保护、传承和弘扬。此书能够让人们领略中国古代陶瓷之美，不仅有历史意义，更有现实意义！

（作者系原国家文物局驻英国文物专家、景德镇陶瓷大学御窑研究所所长、客座教授、硕士研究生导师、上海天物馆馆长）

癸卯冬月写于沪上三溪堂

瓷器是中国古代劳动人民智慧的结晶，是誉满丝路、行销海外的贵重商品，甚至是世界认识中国的媒介名片，所以英语里中国"China"和瓷器"china"用词接近。

瓷器在中国的发展史就是一部伴随着经济生产力发展、朝代政权更迭、文化审美变迁的磅礴史诗。通过研究陶瓷，我们能够窥见历史上的国力盛衰，以及社会人文、经济贸易、国际往来、审美情趣、自然环境等方方面面。不同朝代的瓷器均有其典型的时代特征，虽同为中国艺术之瑰宝，但又折射出不同的璀璨光辉。中古之后历代瓷器若以年代分，以宋五大名窑、元青花、明清官窑最为脍炙人口；若以窑口分，元代以后虽然景德镇窑一家独大，但是龙泉青瓷、德化白瓷也各擅胜场、不遑多让；若以客群分，则官窑、民窑、外销贸易瓷争奇斗艳；若以用途分，陈设器、文房器、日用器风貌各异。因此，瓷器是中华文明的重要物质载体，瓷器书籍的整理出版是中华优秀传统文化创造性转化和创新性发展的重要工作。

十竹斋作为400年文化品牌中华老字号，拥有享誉世界的"饾版拱花"非遗技艺和超过20万件库藏文物。我们一直把深入贯彻落实习近平重要讲话精神、践行"两个结合"作为重要工作。近日习近平总书记视察景德镇时指出，中华优秀传统文化自古至今从未断流，陶瓷是中华瑰宝，是中华文明的重要名片。我们以此为契机推出《盛世御窑》，讲述明清盛世御窑瓷器发展史，以明永乐、宣德、成化三朝，清康熙、雍正、乾隆三朝官窑瓷器为主要展品，涵盖青花、彩瓷、单色釉等主流品种。本次展览和出版得到了全国各地兄弟文物商店和收藏家的大力支持，并由知名青年专家对重点展品进行了准确诠释，让观者在领略古代瓷器之美、感受艺术瑰宝魅力的同时，能将书籍中呈现出的器物当作瓷器学习之标准件，深入地了解中国瓷器的艺术魅力，把塑造、影响和激励一代代中国人的文化传承好，把中华优秀传统文化的宝库守护好，推动文化事业和文化产业繁荣发展。

本书体系分类科学、内容丰富、实用性强，得到了许多业内人士的建议与支持，在此谨向他们表示诚挚的谢意！也希望本书能够成为研究中国瓷器的重要参考资料，为瓷器爱好者和艺术研究者提供有价值的信息和观点。

十竹斋将继续肩负起新的文化使命，立足中华文明的"五个突出特性"，不断加强文物和艺术的研究阐释和活化利用，并依托自身艺术产业链的品牌和资源优势，为中华民族现代文明建设贡献更多十竹斋智慧和力量。

（作者系十竹斋艺术集团总经理、南京文物公司执行董事、总经理）

癸卯秋日于十竹斋

支持，在此谨向他们表示诚挚的谢意！也希望本书能够成为研究中国瓷器的重要参考资料，为瓷器爱好者和艺术研究者提供有价值的信息和观点。

十竹斋将继续肩负起新的文化使命，立足中华文明的"五个突出特性"，不断加强文物和艺术的研究阐释和活化利用，并依托自身艺术产业链的品牌和

盛世御窑——
国有文物商店典藏瓷器

——刘军

清代蓝浦在《景德镇陶录》中记载："洪武二年就镇之珠山御窑厂，置官监督，烧造解京。"景德镇御窑瓷器在等级森严的明清时代作为皇权象征存在于世。不计工本的生产体系、精益求精的制作理念和相关官员乃至帝王的亲自督造，决定了御窑瓷器无与伦比的至尊地位，其烧造工艺、质量标准、艺术审美均代表了中国古代同时期瓷器制造的最高水平。这次十竹斋艺术集团主办的"盛世御窑"展更是集明永乐宣德成化、清康熙雍正乾隆这两个极盛时期的御窑瓷器之大成，可谓精工细作、琳琅满目、气势恢宏、蔚为大观。

这是一场沟通古今、传承历史文化的展览。瓷器特有的胎釉结构能够封存千百年历史于一器之内而历久弥新，不论是古拙朴实的青花，还是绚丽多姿的粉彩，于方寸之间反映的是各个朝代的经济发展、历史人文，于股掌之上呈现的是不同时期的社会风貌、艺术审美。文物承载千年文明，传承历史文化，维系民族精神。瓷器是火与土的科学配比、完美融合，是中国古代劳动人民的伟大发明、智慧结晶，更蕴藏了中华民族百折不挠、孜孜不倦、精益求精的认识世界与改造世界的伟大奋斗精神。

这是一场联结"一带一路"、贯通中外文明的展览。永宣年间郑和七下西洋，青料"苏麻离青"的引进开创了永宣青花的一代盛世，也带来了大量的海外贸易需求，大量纹饰精美、做工精良的瓷器远销海外，向世界亮出了中国瓷器"china"这张名片。康乾盛世的数百年繁华成就了登峰造极的制瓷工艺，紧皮亮釉的康熙五色青花、玲珑别致的雍正极简美学、纷繁华丽的乾隆各色釉彩，百花齐放、美轮美奂，彰显了中华文明的包容开放、博采众长。西洋画技法的引入和进口珐琅彩的使用，更是让中外文明在小小方物之中交流碰撞、兼容并蓄。

这是一场国有文化企业携手、共商共谋的展览。中国文化源远流长，传承和弘扬好中华传统文化，是一代代文物商店人（国有文化企业人）共同坚守的初心。新征程上，文物商店人本着既不辜负历史、也不辜负当下的态度，守正创新、赋能文物，不断发掘自身品牌价值，盘活库存文物资产，坚持让库存文物瑰宝离开"仓库"、走出"深闺"，真正做到让"旧时王谢堂前燕，飞入寻常百姓家"，让凝结着民族智慧的珍贵文物更好地服务社会大众，为弘扬中华优秀传统文化、增强文化自信提供坚实支撑。

以文化人，润物无声。让我们在长江之滨、玄武湖畔一起聆听艺术发展、文化进步的时代强音，感受古韵今风、奋进前行的国企风采！

（作者系扬州文物商店有限责任公司执行董事、总经理）

盛世御窑——
国有文物商店典藏瓷器精品展

王波

蕴藏着五千年文明历史的中国，素有"瓷器之国"的美誉。自唐代开始，瓷器成为中国对外交流的文化佳品，承载着中华文化的精髓，流传于世界各地。时光荏苒，岁月如梭，盛世之际，由近10家国有文物商店共同参与、十竹斋艺术集团主办的"盛世御窑"国有文物商店典藏瓷器精品展在南京隆重举行。此次展览，不仅彰显了国有文物商店的深厚底蕴，而且展示了十竹斋艺术集团对传统文化的热爱与传承。

　　国有文物商店一直以来都是我国文物保护的重要场所和窗口，承担着弘扬民族文化、传承历史文脉的责任。在长期经营过程中，文物商店积累了大量珍贵文物，为国家抢救性收购流散于民间的文物做出了巨大贡献。

　　"盛世御窑"展览的瓷器，不仅代表了明清时期的典型风格，更展示了传统瓷器工艺的精湛技艺。此次展览不仅为观众呈现了一场视觉盛宴，更是对传统文化的深度挖掘与传承。这些珍贵的瓷器，背后承载着无数匠人的心血与智慧，它们如同一部生动的历史长卷，诉说着中华民族的辉煌历史。值得一提的是：本次展览得到了众多专家学者的关注和支持。其中，瓷器鉴定泰斗耿宝昌先生亲自题字，并担任名誉主编。他的题字不仅为展览增色添彩，更体现了对本次活动的关心和支持。同时，南京十竹斋拍卖有限公司作为承办方，为本次活动的顺利举行付出了辛勤努力。

　　此外，本次展览在南京城墙博物馆盛大开幕。南京城墙博物馆作为国家一级博物馆，一直以来致力于保护和传承南京历史文化。此次与南京城墙博物馆合作举办瓷器展览，旨在借助这一平台，让更多的观众了解和欣赏到传统瓷器的魅力。同时，通过与南京城墙博物馆的合作，也为进一步推动文化保护和传承工作的开展提供了契机。在此次展览中，观众不仅能欣赏到来自全国各地的国有文物商店所收藏的精品瓷器，还能领略到传统瓷器工艺的神韵和美学价值。展览期间，还举办了多场相关活动，如专家讲座、研讨会等。这些活动为观众提供了更多了解和学习传统文化的机会。

　　本书的出版得到了江苏凤凰美术出版社的大力支持。作为国内知名的美术专业出版社，江苏凤凰美术出版社一直致力于传承和弘扬中华民族优秀传统文化。此次合作，不仅体现了其对传统文化的关注与支持，同时也为进一步推动文化传播工作做出了贡献。

最后，我想向所有参与本次展览的国有文物商店及藏家表示衷心的感谢。正是因为你们的悉心珍藏和保护，我们才能够在此呈现出这些典藏瓷器的华美风采。也希望通过这次展览，能够引起更多人对于中国文化遗产的重视和关注。希望通过这次活动，让更多的人了解和欣赏到传统瓷器的独特魅力，进一步推动文化传承与保护工作的深入发展。同时，希望本书的出版能够为喜爱瓷器的读者提供有益的参考和指导。最后，谨向参与本次活动的所有人员表示崇高的敬意和衷心的感谢！

（作者系南京十竹斋拍卖有限公司副总经理）

癸卯秋日于十竹斋

郑和下西洋与明代永乐、宣德青花瓷器

程晓中

青花瓷器

郑和是明初著名的航海家和外交家。从永乐三年至宣德八年（1405—1433年），他曾7次率领船队下西洋，最远到达东非和红海海口，足迹遍及30多个国家和地区，促进了中国与亚洲、非洲许多国家的经济文化交流。以往人们多注意研究郑和下西洋在政治上（主要是外交方面）和经济上（主要是对外贸易方面）的贡献，而忽视了他对中外文化和科学技术交流所起的重要作用。本文拟就郑和下西洋对明代永乐、宣德青花瓷器艺术的发展所做的贡献稍加探讨，以引起古陶瓷界的注意。

青花瓷器是我国陶瓷装饰中具有独特风格的一个优良品种，在我国陶瓷史上占有重要地位。它是运用从钴土矿中提炼出的色料在瓷胎上进行绘画装饰，外罩透明釉，然后入窑在1300℃左右的高温还原气氛中一次烧成。它具有明净素雅和实用美观的特点，因此，深受国内外人民的喜爱，古人赞美它是"幽靓而雅洁"。

据目前的考古发现，青花瓷器约起源于唐代，它是在中国传统釉下彩的基础上，受波斯文化的影响而诞生的。元代以后，青花瓷器逐渐成为景德镇瓷器生产的主流，质量也日趋成熟，并开始远销国外。元至正年间（1341—1370）汪大渊的《岛夷志略》中就记载了中国与南洋17个国家和地区用"青白花碗"（或称"青白花器"等）进行贸易的盛况[1]。

到明朝初年的永乐、宣德时期，青花瓷器更是"发前古之未有""开一代之奇葩"，无论青花色料、青花瓷器的造形和图案纹饰均别具一格。它的艺术成就在我国陶瓷史上展开了新的篇章。清代蓝浦的《景德镇陶录》称"宣窑青花最贵"。而郑和下西洋对永、宣青花瓷器的发展则有着不可磨灭的功绩。现从以下几个方面说明。

青料方面

青花料是一种以钴为主要着色剂的陶瓷原料，它是仅次于以铁、铜为着色剂的我国传统色料。早在春秋战国时期作为装饰品的陶胎琉璃球上就有运用钴为着色剂，呈现出美丽的碧蓝色。我国著名的唐三彩中的蓝彩也是钴呈色的。但是，这些都是在低温下烧成的铅釉，高温蓝色彩绘则起源于青花瓷器。青花所用的钴青料，最初是一种自西域输入的称作"Smalte"或"Smalt"的含钴的琉璃色的玻璃，后来才改用一种天然生产的黑褐色矿物（即钴土矿）[2]。在我国，青花料的来源分为两大类：一为进口青料，一为国产青料。唐代、元代均有进口料，到了永宣时期出现了一种独特的被称作"苏麻离青"（又叫"苏泥勃青""苏泥麻青""苏勃泥青"等）的青花色料。其特点是发色明艳、呈色稳定，其晕散现象更是新颖别致，俨然具有中国传统水墨画的效果。

关于"苏麻离青"的记载最早见于成书于万历十七年（1589 年）以前王世懋的《窥天外乘》："宋时窑器，以汝州为第一，而京师自置官窑次之。我朝则专设于浮梁县之景德镇，永乐、宣德间，内府烧造，迄今为贵。其时以鬃眼、甜白为常，以苏麻离青为饰，以鲜红为宝。"万历十九年（1591 年）高濂的《遵生八笺》则谓："宣窑之青，乃苏渤泥青。"以后清代唐衡铨的《文房肆考》（1778）、朱琰的《陶说》（1774）以及蓝浦的《景德镇陶录》（1815）等均称"苏泥勃青"。因为"苏渤泥"与"苏麻离"译音近似，所以当是同一词的异译[3]。

"苏麻离青"的另一个重要特点是，由于含铁量特高而形成的黑疵斑点（俗称"铁锈斑疤"）。上海硅酸盐研究所的科学工作者曾对我国历代青花瓷器中的青花部分进行抽样化学分析，其 MnO/CoO 与 Fe_2O_3/CoO（锰钴比与铁钴比）的值为[4]：

出土地点、年代	MnO/CoO	Fe₂O₃/CoO
扬州唐代青花瓷片	0.22	3.60
龙泉北宋青花瓷片	10.25	0.61
元大都青花瓷片	0.01—0.06	2.21—3.02
明宣德青花大盘	0.81	5.81
明成化、正德、嘉靖青花瓷片	1.82—6.08	0.17—1.91
清康熙、乾隆青花瓷片	5.54—6.83	0.36—0.88

显而易见，唐代青花瓷片、元大都青花瓷片和明宣德青花大盘有一个共同的特点，即含锰量低而含铁量高。其中，尤以宣德青花大盘的含铁量最高。而含锰量这样少、含铁量如此高的钴土矿，国内至今尚未发现。下表是一些主要国产青料的 MnO／CoO 与 Fe$_2$O$_3$／CoO 的值[5]：

产地及品名	MnO/CoO	Fe$_2$O$_3$/CoO
云南珠明料（原矿）	7.35	1.15
云南珠明料（拣炼）	3.75	0.47
云南钴土矿（拣炼）	4.34	1.48
浙江钴土矿（原矿）	16.19	3.74
江西赣州钴土矿（原矿）	15.90	3.69
江西上高生青料	7.20	1.30
云南宣威生青料	4.92	1.33
浙江江山生青料	11.03	2.43
浙江江山生青料（已煅烧）	7.06	0.22
云南嵩明青料（已煅烧）	4.42	0.11

我国古陶瓷科学技术界老前辈周仁先生在《景德镇瓷器的研究》中对宣德青花曾做过这样的评价："宣德青花的颜色是蓝中泛绿，深韵部分呈黑色，大的成黑斑，小的成黑点。从分析成分中可以看到宣德青料中虽含锰不多但含铁量却很高，因此在还原气氛中烧成可能形成金属光泽的黑斑。我们认为宣德青花的特征是由于以上所述青料特殊成分所致。"因此，"苏麻离青，不同于我国传统的进口青料，这就印证了史籍的记载"。

至于"苏麻离青料的产地，由于缺乏文献记载和实物依据，历来国内外古陶瓷界众说纷纭、莫衷一是。有说产自南洋群岛的苏门答腊和槟榔屿，因为槟榔屿曾译为'渤泥'，有说是阿拉伯所产，经南洋群岛输入我国等，不一而足。

我们则认为它的引进与郑和下西洋有关"[6]。曾随郑和出使的巩珍就记载了锡兰国（今斯里兰卡）"近王居有一大山，高入云表……此山出红雅胡、黄雅胡、青米蓝石、昔剌泥、窟没蓝等诸宝石。每大雨冲出沙土中，寻拾则有。"[7]我国民间也有以红宝石、蓝宝石做制瓷原料的说法，此中"青米蓝石""窟没蓝"是否与青料有关，有待进一步考证。

造形方面

瓷器的造形与其他器物一样，不同的器形有不同的用途，并且因时因地而异。永乐青花瓷器的另一个主要特点是：造形丰富多彩，而且出现了许多新颖、奇特的新器形。其中有些器物本身就是为适应国外需要而制作的，如盘座（又称无挡尊）、执壶、花浇、僧帽壶、折沿盆、大盘，还有抱月瓶、长颈方口执壶、天球瓶、八角烛台、筒形花座、仰钟式碗。据说花浇、执壶与信奉伊斯兰教民族举行礼拜活动和风俗民情有关；水注是阿拉伯人净手与浇花之器。卧壶造形新颖别致，又称扁平大壶，圆形，一面鼓腹、一面砂底，中心凸起，两侧或凸起花朵、或以双系活环为饰，口部加盖；僧帽壶形如僧帽，口一面撇出为壶嘴、一面长柄至腹，似花浇而有盖，形制奇特；特别是宣德青花大盘，为当时出口的主要品种之一，现留存在伊朗、土耳其以及印度尼西亚的大盘数量颇多。据韩槐准《南洋遗留的中国古外销陶瓷》称：当时马来人习惯，凡遇宴会，例用可供四人至八人共食之大盘。

1983年，景德镇珠山路明御窑出土的永宣瓷器中，发现许多与上述器形相同的残器，很可能与郑和下西洋所带回的外国器物造形有关。

纹饰方面

我国古代有句谚语，叫作"美食不如美器"，它说明一种美丽的用具可以给人以美的享受，青花瓷器则起到了这样的作用。它不仅具有实用价值而且还是一种独特的艺术品。它的美丽的纹饰与丰富的造形相得益彰。艺术来源于生

图1　永乐青花花浇

图2　永乐青花执壶

图3　永乐青花扁平大壶

活，景德镇的制瓷工匠在长期的劳动实践中创造了美不胜收的青花装饰。青花绘画中的花式极多，取材与格调丰富多彩；既有瓷器中传统的图案，又借鉴了姊妹艺术（如漆器、铜器等）的装饰，还受到了外来艺术的影响。

特别是郑和下西洋以后，在元代以来写意画为主的基础上，吸收了许多具有异国情调的图案、纹饰，出现了众多的写实作品。此时的青花装饰有以下几个特色：其一，出现了回文、梵文装饰。以回文做陶瓷装饰最早见于扬州出土的唐代长沙窑釉下彩书"真主真伟大"的背壶，梵文图案则始于宋代北方窑酱釉碗心装饰。景德镇青花瓷器上以回文和梵文为饰则开创于永乐、宣德时期，其中梵文的使用更为广泛，有作主体图案、边饰及画押等。据中国科学院民族研究所王森教授考证：梵文作为装饰大致都是些吉祥赞语之类的文字，俗称"真言字"。例如以回文装饰的有西安文管会收藏的一件宣德青花卧足碗，外壁口沿处写有"感谢主赐福"的阿拉伯文（即回文）；瑞典华侨仇炎之原藏有一件明永乐青花回文边饰馒头心薄胎碗。以梵文装饰的有景德镇明永乐、宣德御厂遗存的宣德时期内梵文外海涛三山靶杯。在永乐青花的碗心中还常见"苏"的梵文装饰，宣德后出现以此作为款识的瓷器。其二，在青花绘画中出现许多海涛怪兽图案。如故宫博物院藏宣德青花海龙纹扁瓶和宣德青花红彩海兽鱼涛纹高足杯（图4），上海博物馆藏宣德青花狮球罐，景德镇明永乐、宣德御厂遗存宣德初海涛怪兽青花大盘，以及宣德青花海涛飞龙纹小缸残器等。这些题材似与郑和下西洋所见所闻有密切关系。如《西洋番国志》就记载：哑鲁国"山林中出飞虎，大如猫，皮毛灰色，有肉翅生连前后足如蝙蝠状，能飞不远"；占城国"所生犀象，其牙角甚广。犀牛如水牛形，一角生鼻梁中，蹄有三趾，身黑无毛，皮粗厚，纹如鳞甲，体重七八百斤"。《娄东刘家港天妃宫石刻通番事迹记》也记载："永乐十五年统领舟师往西域。其忽鲁谟斯国进狮子、金钱豹、西马；阿丹国进麒麟，番名祖剌法，并长角马哈兽；木骨都束国进花福鹿，并狮子。"其三，伊斯兰风格的几何形纹饰（又称"锦地"）也较多地出现在此时期的青花瓷器上。几何形纹早在扬州出土的唐代青花瓷器上就已出现，此

图4 明宣德青花红彩海兽鱼涛纹高足杯

时无论数量与风格均有发展。如景德镇明永乐、宣德御厂遗存有宣德初青花几何形纹瓷砖。在伊朗、土耳其的清真寺院里，至今还保存着许多几何形的青花瓷砖。此外，在菲律宾出土的中国明代青花瓷类的纹样也有"花鸟、鸟兽、龙花、蔓草花以及几何花纹等"[7]。

外销方面

郑和下西洋的一个重要内容就是进行对外贸易，瓷器则是船队用来交换的主要物品，迄今南洋一带仍大量出土我国瓷器，其中有为数不少的明初青花瓷器。当时曾随郑和船队下西洋的马欢在《瀛涯胜览》"祖法儿国"条记载："中国宝船到彼，开读赏赐毕，其王差头目遍谕国人，皆将乳香、血竭、芦荟、没药、安息香、苏合油、木别子之类，来换易纻丝、瓷器等物。"另一随员费信在《星槎胜览》中，也记载了当时"使船"与各国开展贸易或购买瓷器的情况。其中有青花白瓷三处：锡兰山、古里、天方；青白花瓷器六处：暹罗、柯枝、忽鲁谟斯、榜葛剌、大嗅喃、阿丹；青白瓷器四处：旧港、满剌加、苏门答腊、龙牙犀角；瓷器十处：花面、剌撒、三岛、苏绿、佐法儿、竹步、木骨都束、溜洋、十剌哇、阿鲁；大小瓷器一处：旧港；瓷碗三处：淡洋、吉里地闷、琉球；青碗一处：交栏山。巩珍则在《西洋番国志》的"柯枝国"条中记载了当时有一些被称为"哲地"的人，专门收买宝石、珍珠、香货，以待中国宝船到来，同中国船队交换瓷器、绫罗缎绸等产品。而在诸多瓷器品种中又以青花瓷器最受欢迎。《瀛涯胜览》"爪哇国"条就特别提到"国人最喜中国青花瓷器"。《星槎胜览》"暹罗"条则谓"货用青白花瓷器"。因为最受欢迎，所以它的价格也高于其他品种。据《明会典》卷一一三记载的赐给番夷通例之番货价值中所举我国瓷器之价为："青白花瓷"盘每个五百贯，碗每个三百贯，瓶每个五百贯，酒海每个一千五百贯。而"豆青瓷"盘每个一百五十贯，碗每个一百贯，瓶每个一百五十贯。可见青花瓷器之名贵。从目前所发现的材料来看，明代中国瓷器，特别是青花瓷器，几乎遍及亚、非、欧、美各洲，世界许多国家的大型博物馆都藏有中国明代瓷器，其中以伊朗的阿尔代华尔寺院收藏的永乐、宣德青花瓷器尤为量多质精。同时，在东南亚、西亚、东非也大量出土了明初青花瓷器。日本学者三上次男在参观菲律宾阿南巴明冈大学人类学博物馆时有这样的记载："首先映入眼帘的是装饰在入口前廊那漂亮的元、明时代的青花瓷。相当多的壶、钵、碟之类，随便地装在好几个柜子里，其中既有优美的附绘和发色的陶瓷，也有带盖陈列着用有力的线条描绘双龙图案的大青花四耳壶。这些青花瓷附绘的感觉相当强烈，在我国是见不到的，洋溢着异国的风味。从哪里来的呢？一看说明书，原来是菲律宾群岛的苏禄诸岛、宿务岛和棉兰老岛等的出土品。"另外在"阿伊布、基尔哇等地均有大量的元末明初的中国青花碎片"。[8]

产量方面

随着大量的外销，促使青花瓷器的产量与日俱增。明代的景德镇有"江南雄镇"之称[9]，其所产瓷器，数量之大、品种之多、质量之高前所未有，"合并数郡，不敌江西饶郡产……若夫中华四裔，驰名猎取者，皆饶郡浮梁景德镇之产也。"[10]《大明会典》卷一九四也记载："宣德八年，尚膳监题准，烧造龙凤瓷器，差本部官一员，关出该监式样，往饶州烧造各样瓷器四十四万三千五百件。"无论从品种或是质量上来说，此时景德镇青花瓷器已是全国瓷器生产的主流。1982—1983年在景德镇珠山路发现的明永乐、宣德御窑厂遗存中，就有很多青花瓷器，并且"这类瓷器的造形纹饰与世界各大博物馆的藏品并无多大差异"。"这一时期的无款官窑青花瓷器，国外有不少传世品，它们极有可能是以赏赉或朝贡式贸易的形式输出的。"[11]根据窑址发掘，当时景德镇已出现了不少专门烧制青花瓷器的民窑。此外，除景德镇明代官窑、民窑青花瓷器外，还发现江西乐平、吉安，云南玉溪、建水，广东博罗、揭阳、澄迈、东兴，福建德化、安溪、建阳、漳浦、南平，浙江江山等地在明代也都曾生产过青花瓷器。

如果再从郑和的身世来看，似乎也与青花瓷器有着不解之缘。郑和出生于云南一个回族世家，自幼便受到伊斯兰文化的熏陶，其祖父与父亲均到过伊斯兰教圣地麦加。其次，云南也是我国著名的青料——珠明料的产地。元代就有烧造青花瓷器的玉溪窑、建水窑等，其中，玉溪窑距郑和家乡昆阳（今并入昆明市晋宁区）仅30多公里。1973年在云南禄丰县火葬墓中曾出土了大量的元代青花瓷器。1983年夏，又在郑和的第二故乡南京马府街北侧的太平公园（原称马家花园，为郑和府邸的一部分）发现一批永乐、宣德青花瓷器。也从侧面说明了这个问题。

至于青花瓷器与伊斯兰文化的关系更是源远流长。1975年在扬州唐城遗址出土的一件几何纹残枕片，其"纹饰风格与组成和唐代传统纹饰截然不同，似与西亚地区波斯有关"[12]。1983年又在扬州三元路出土一批唐代青花瓷片，其中一片璧形底大碗碗心亦有类似纹样。唐代的扬州是对外贸易的重要港口。当时许多阿拉伯、波斯商人定居于此，并设有波斯人的"胡店"。到明代永乐、宣德时期则大量出现了这种纹饰。

综上所述，明代永乐、宣德青花瓷器在我国陶瓷史上名著一时，"以其胎釉之精细，青花色料之浓艳，造形多样和纹饰优美而久负盛名，被称为我国青花瓷器的黄金时代"[13]，这与郑和下西洋有着密切的关系。对于这个问题，过去我国古陶瓷界虽有涉及，但未做专门系统的研究。拙文在此方面做初步探讨，以期引玉。

（作者系原南京博物院鉴定征集部研究员、国家文物进出境责任鉴定员。江苏省文物保护专家库成员、江苏省艺术品鉴定评估陶瓷中心主任、江苏省历史学会理事、江苏省古陶瓷研究会副会长、南京大学历史学院考古文物系兼职教授。）

注释：

[1]陈万里先生根据《岛夷志略》中沿用《诸蕃志》的"青白瓷"名称而判断"青白花瓷"非指青白瓷而是指青花白瓷。

[2] 叶喆民：《中国古陶瓷科学浅说》，轻工业出版社，1982年1月，第93页。

[3] 杨明生：《"苏麻离青"与郑和下西洋》，刊《广西民族大学学报》（自然科学版），2009。

[4] 表中"扬州唐代青花瓷片"根据1975年扬州唐城遗址出土的一片青花瓷枕碎片测定。见张志刚，罗宗真，郭演仪：《扬州唐城出土青花瓷的测定及其重要意义》，载《中国陶瓷》，1984年第3期。其余见陈尧成，郭演仪，张志刚：《历代青花瓷器和青花色料的研究》，刊《硅酸盐学报》，1978年第4期。

[5] 陈尧成等：《历代青花瓷器与青花色料的研究》，《硅酸盐学报》，1978年第4期。

[6]（英）哈晨·加纳：《东方的青花瓷器》，叶文程、罗立华译，上海人民美术出版社，1992年。

[7] 巩珍：《西洋番国志》，华文出版社，2017年，第36页。

[8] [9]（日）三上次男：《陶瓷之路》，天津人民出版社，1983年。

[9] 傅扬：《青花瓷器》，中国古典艺术出版社，1957年。

[10] 宋应星：《天工开物》。

[11] 白焜等：《景德镇明永乐、宣德御厂遗存》。

[12] 冯先铭：《关于青花瓷器起源的几个问题》，见《文物》，1980年。

[13] 中国硅酸盐学会：《中国陶瓷史》，文物出版社，1982年7月。

中国传统美学与世界陶瓷艺术发展的联系
——以明代盛世瓷器纹饰为例

宋歆怡

中世纪的制陶技术在世界贸易和宗教表意体系的刺激下，进入了一种互动和共生的象征网络之中，这个时期层出不穷的装饰手法给制陶技艺带来了无限的活力。

从8世纪开始，中国典雅的越窑青瓷、明快的定窑白瓷、华丽的唐三彩和意趣盎然的长沙窑彩瓷对伊斯兰地域的陶器都产生了不同程度的影响。伊斯兰陶工在仿制中国白瓷的试验中，在铅釉的基础上创制出锡白釉技术。这种纯白的优质陶器的诞生，为彩绘装饰技法的发展创造了条件，成就了伊斯兰陶器华丽的色彩和天马行空般的装饰风格。与此同时，中国也向伊斯兰陶工学习制陶技术，并从伊斯兰地区进口含钴料的矿石，开始像伊斯兰陶工那样把钴料画在坯体上。

从西亚进口的钴料苏麻离青的特点是含锰量低、含铁量高，并含有钾，与国产钴料含锰量高、含铁量低截然不同。用进口料描绘的青花色泽浓艳，釉面有银色铁斑，而国产钴料色调较淡，没有黑斑。到了明代，青花成为瓷器的主流，特别是永乐和宣德年间的青花质量最佳，绝大多数是明朝政府的对外赠品，被称为青花瓷器的黄金时代。这个时期产生了一些带有伊斯兰风格的青花瓷器，到了正德年间都还在继续生产。它们独特的造形和脱俗的风格，不仅得益于深厚的中国文化，还得益于伟大的伊斯兰艺术，是中国瓷器装饰融汇外来文化的典范。

永乐青花与土耳其伊兹尼克瓷器

15世纪土耳其发展起来的白底蓝彩陶器（图1），在16世纪得到继承和发展。它最接近中国青花瓷器的风格，使用的是硬质白黏土，所以看上去很像瓷器。它是在纯白的坯体上，用青、绿、紫描绘写实的花卉纹样或绘以葡萄的藤蔓，给人以清雅活泼之感。

伊兹尼克是土耳其布尔萨省的一座城市。15世纪至17世纪，伊兹尼克成为土耳其重要的制砖、制陶中心。其中，位于伊斯坦堡的鲁斯坦帕夏清真寺和

图1　土耳其（奥斯曼帝国时期）
公元16世纪　白釉蓝彩旋涡花纹陶器

托卡比皇宫均大量使用了源自伊兹尼克的瓷砖。在此时期，由于伊兹尼克陶瓷工业鼎盛，这里出产了无数优质的陶器，其中折沿菱口的形制和青花纹饰都受到了当时来自中国元、明时期的御窑瓷器的影响。

　　以大英博物馆馆藏的一件16世纪中期的伊兹尼克大马士革瓷盘为例，瓷盘的主体装饰遵循了中国传统满池娇图案以荷叶为中心的放射状构图原则。画面底部中央的叶子仍呈现出荷叶的特征，但向外发散出的花朵已经没有任何荷花的痕迹，取而代之的是各种具有西亚传统的花卉装饰图案。满池娇图案在传播到中西亚后，其演变趋势总体上趋于抽象化，这也契合了伊斯兰装饰图案高度抽象化的特点。此次"盛世御窑"展览中有一件明永乐青花葡萄纹缠枝花卉折沿盘（图2），盘心生动地描绘了呈左中右自然错落分布开的三长串葡萄，并自由延伸出缠绕的葡萄藤和葡萄叶。在中国，葡萄因结累累硕果而寓意多子多福。在16世纪中期的伊兹尼克瓷器中也发现了相同图案装饰的折沿盘（图3）。伊兹尼克瓷盘盘心中的葡萄纹同样由三长串葡萄、葡萄藤和葡萄叶组成，但不同的是，其将中式植物造形予以扁平化、抽象化，甚至出现了对称之感。这类来自中国的装饰图案在向西传播的过程中，由表现文人雅趣的风景图案逐渐演变成脱离现实的、富有形式感的装饰纹样。

　　传统的装饰风格传承至今，土耳其当代陶瓷艺术家莫末切·高索于2010年被联合国教科文组织列为"人类活瑰宝"，他致力于传承这些融入了当代设计元素的传统伊兹尼克风格。现在，融合了传统奥斯曼阿拉伯式的花纹和中国纹饰已经成为伊兹尼克陶瓷的标志，当代艺术家透过创作与明代年间两地文化交流息息相关的作品来传承传统的设计灵感。

"轮花"与阿拉伯式图案

　　青花瓷从诞生伊始便显现了与伊斯兰世界的密切联系，不仅大量精美的元青花在印度、伊朗等伊斯兰世界的宫廷被发现，而且中国用来绘制青花的钴料也是从这些地方进口的。明代御窑青花瓷上出现了一些特异的纹饰，这些纹饰

图2　明永乐 青花葡萄纹缠枝花卉折沿盘

图3　伊兹尼克葡萄纹盘 公元16世纪

图4　金角湾纹碟

的设计灵感与中国取材于自然的传统植物纹饰大相径庭，在耿宝昌所著的《明清瓷器鉴定》一书中，作者将其称为"轮花""佛花"或"西番勾莲纹"（见故宫博物院藏明宣德青花宝相花纹双耳扁瓶）。即使当明代御窑厂所烧制的高档青花瓷已不再特别针对海外市场，但一些宫廷御用瓷器中依然表现出不同于中国传统纹饰的特点。这些纹饰具有其独特而明显的文化属性，通过研究同时代的阿拉伯图案便可以从中发现一些关联。

12世纪至13世纪，在伊朗地区兴起了一种被称为米纳伊的釉上彩陶器。美国宾夕法尼亚州费城艺术博物馆收藏的一件米纳伊陶碗（图5），碗内绘有黑白两色勾勒的双层藤蔓装饰。两层藤蔓均以八瓣花为起始点，以对曲线交织的方式分别构成一整个覆盖碗底的花形装饰网。曲线的弯弧和交界处表现为植物的叶蔓和花蕊。无论是构图方法还是装饰手法，在明代御窑青花纹饰特点中都可以找到先例。

伊斯兰的藤蔓以不断流动扩展的卷曲纹样为特点，透过植物的不同造形来模拟风、水、火、土的形状，因此看起来繁复却又不会重复。这种模式代表了宇宙赋予生命的"母性"，是一种圆润和自然的能量。几何图形则以多角星等造形在土耳其、西班牙和印度等非中东国家中成为一种纯粹的美的装饰。这些星月、非地球的事物代表了伊斯兰教中的"父性"，是一种秩序和尖锐的能量，用连环嵌套的模式将这些图案连接起来。而这些图案在经过文化的传播与交融后，与中国的藏佛八宝纹、道教纹相结合，成为明代御窑瓷器所特有的一类纹饰。

在历史的长河中，中国纹样经历了几千年的演变，已经很难分清哪些是外来纹饰、哪些是传统纹饰，而是在不断地吸收和交融中发展变化，展现出新的图案形式。综观明代的青花瓷器，一种视觉效果极为强烈的植物纹饰给人以深刻的印象，它们卷曲、奔放、繁复、立体，成为整个明代瓷器装饰风格的代表。受到伊斯兰文化的影响，明代的缠枝纹花叶纤细、线条富有弹性和动感，这一点从康雍两朝仿永乐朝的作品中可以直观地对比出来。

图5　米纳伊陶碗 公元13世纪

图6　明永乐 青花缠枝莲纹盘

永宣之际的"仿古"审美

中国传统，始终是一股充满动能、充满变化，历时更迭、改造的力量。尽管西方对中国有一个所谓不变的印象，中国绵延的悠久历史却证明了它并不是一块千古不易的巨石。中国文人和知识界经常向他们心中的中国历史高峰寻求典范，不断重塑文化，频次之高不亚于西方精英的作为。无论是 12 世纪的苏州儒家文人，或是 15 世纪佛罗伦萨的文艺复兴人文主义者，都是从一些当时被认为最有魅力的传统之中挑选自己所需的。他们宣称自己是在传承与效仿古代经典，大多数时候其实是在重新诠释；他们宣称尊古循古，其实创新出了时代新的风尚，保持着古老与传统之间的联系，同时又将传统不断地迭代更新。

元末明初已有富人阶级以青花瓷陪葬，表示青花瓷已具有了一定的价值和吸引力。但是，直到宣德时期才普遍受到精英阶层的青睐。明代以前的几个世纪，鉴赏品位都以高雅低调的白瓷、青瓷为尚，钴蓝装饰的青花令宋瓷崇尚者觉得过饰而庸俗。在他们的眼中，宋瓷因其美好的造形与釉彩已臻化境，它们拥有流动的体态、千变的釉色，像是与花卉的自然意境和美玉的精练意境和谐共融。而在青瓷或青白瓷上作画绘饰令他们感到无法想象。所以，这些单色瓷便使用含蓄、内敛的装饰，比如在釉层或胎体轻轻剔刻花绘纹饰，这种技法被称作"暗刻"。这种十分纤微的设计，必须手捧器物迎着光线或器中有水，才能看出上面的花纹。

瓷器艺术与跨文化交流

在宣德皇帝的支持下，青花瓷达成了重大突破——进入精英阶层。陶匠放弃了务求微妙的釉色讲究，改用绘画式的装饰新法。这表明中国的艺术常规与角度再一次遭到打破。宋代陶匠抛弃了唐代的彩绘图饰与异国主题，转而投入比例匀称、温润如玉的单色釉系。宋瓷的转型，表示向内退缩转身背对外面的世界，流露出一种孤芳自赏的排外文化心理。元明两代走向青花瓷，则显示再度拥抱外来风格与技术。以绘画而不再以雕塑的美感准则审视瓷器，意味着中

图 7　明永乐　白釉暗刻一束莲纹盘

国人在伊斯兰和蒙古族文化的影响之下，逐渐接纳了西南亚地区的传统审美价值。

不过，虽然中国瓷器的装饰手法转为绘画，但构图原则依然遵照自家传统，可取用的祖传元素犹如万花筒般千变万化、琳琅满目，例如明代盛崇的道家经典吉祥纹饰——宝螺、莲花、法轮、葫芦、盘长结。种种传统美术元素往往通过图案内隐藏的文化含义传递丰富的内涵，也就是形成某种图、音、字的多种组合，图必有意，画必吉祥。中文是声调式语言，不同声表不同寓意，正是这种声觉性的模糊多义，使中国文人在文学与纹饰中都着迷于复杂的双关语和多层次的内涵。对于知识分子来说，这类纹饰图案的最大吸引力正在其多重寓意：同样一组设计，可以品味其内含的事业成就寄托，可以牵动观者心灵的宗教感应，可以联想画中引经据典的比喻，可以欣赏它对传统主题所作的巧妙应用，也可以纯粹享受取材于自然的景色。正如一位中国君子可以同时以儒家为官、道家为心，鉴赏古铜器、品评当代艺术、沉醉自然美景。

笔者于日本京都市立艺术大学求学时的老师、日本陶艺家森野彰人先生十分热爱中国陶瓷器物。森野先生在 2021 年个展上为发表的釉上彩瓷作品（图 8）取了具有中国传统文化寓意的中国名字——"四季平安""似花如玉""真心真意"。这些作品装饰感强烈，应用了釉上彩绘的技法，纹样选取了"蝴蝶""蝙蝠"等中国吉祥纹样和世界通用的文字阿拉伯数字作为主要元素传达文化寓意，作品造形中亦可见棱线分明的"尊"形、弧线撇口的"觚"形，都是可以追溯到中国器物上的造形元素。就像森野先生本人所期许的那样，希望观者可以倾听到来自陶瓷器所述说的东方文化的故事。2022 年元旦，日本陶艺家高柳睦于日本桥高岛屋美术工艺沙龙上展出了一件酒器作品（图 9），虽然制作的原料和彩料都来自日本本土，但在造形和纹饰上仍然透露出浓郁的中国明代瓷器独有的文化喜好。连着藤叶的葫芦造形，下半部分葫芦剖开似瓢，在中心位置用青花绘画了以葫芦藤蔓缠绕出的"寿"字。这种设计源于明嘉靖时期出现的新型纹样，如以树干盘绕组成的"寿"字、"福"字、"禄"字等。明朝历代瓷

图 8　银彩蝙蝠纹方瓶 森野彰人

图 9　青花加彩葫芦系列酒器 高柳睦

器的造形和纹饰都影响着日本瓷器的发展，到了明晚期，在中国的御瓷器物上可以见到受日本绘画风格影响的构图和技法。

结语

南京十竹斋艺术集团举办"盛世御窑：国有文物商店典藏瓷器精品展"之际，借此机会浅显地梳理了明代御窑装饰纹样与世界陶瓷发展的关联。制陶者将模仿的对象形式化，从而形成了丰富的纹饰，纹饰从具有明确的象征意义逐渐走向纯粹的装饰化，并在某个时代伴随某个领域的发展不断融合和生成，产生出无穷的变化。当代陶艺中层出不穷的装饰技法都得益于各个时期的艺术审美和制陶者们的经验积累，因此无论在明以后的清代还是在现当代，创新不是无中生有。充分研究不同时代和地域的陶瓷作品，对我们研究古陶瓷和中国当代陶艺创作都十分有益。

注释：

[1] 耿宝昌：《明清瓷器鉴定》，紫禁城出版社，1993年第1版。

[2] 陈进海：《世界陶瓷艺术史》，黑龙江美术出版社，1995年4月第1版。

[3] 叶喆民：《中国陶瓷史》，生活·读书·新知三联书店，2006年1月第1版。

[4] 冯先铭：《中国古陶瓷图典》，文物出版社，1998年1月第1版。

[5] 陈轩：《花非花——唐宋元花卉装饰撷珍》，《紫禁城》2019年9月刊。

[6] 翟毅：《明代青花瓷上的"回回花"》，《紫禁城》2016年11月刊。

[7] 吕成龙：《明代嘉靖、隆庆、万历时期景德镇御窑瓷器概述》，《故宫博物院》2019年1月刊。

图片来源：

图1　土耳其（奥斯曼帝国时期）公元16世纪　白釉蓝彩旋涡花纹陶器（来自网络Google图片搜索）

图 2　明永乐　青花葡萄纹缠枝花卉折沿盘（"盛世御窑：国有文物商店典藏瓷器精品展"）（图片提供：南京十竹斋拍卖有限公司）

图 3　伊兹尼克葡萄纹盘　公元16世纪　伊斯坦布尔考古博物馆（来自网络 Google 图片搜索）

图 4　金角湾纹碟　莫末切·高索（2017）（图片引自 https://www.hku.hk/c_index.html）

图 5　米纳伊陶碗　公元13世纪　费城艺术博物馆藏（图片引自 https://www.philamuseum.org）

图 6　明永乐　青花缠枝莲纹盘（"盛世御窑：国有文物商店典藏瓷器精品展"）（图片提供：南京十竹斋拍卖有限公司）

图 7　明永乐　白釉暗刻一束莲纹盘（"盛世御窑：国有文物商店典藏瓷器精品展"）（图片提供：南京十竹斋拍卖有限公司）

图 8　银彩蝙蝠纹方瓶　森野彰人（2021）（来自网络 Google 图片搜索）

图 9　青花加彩葫芦系列酒器　高柳睦（2021）（来自网络 Instagram 作者主页）

明清瓷器龙纹的发展演变

——

张晶晶

一、龙纹的起源与形成

龙纹是中国古代传统图案之一，起源于远古时期的图腾崇拜。古人认为它是最高的祥瑞，被视为百神之一。有关器物上的记载最早见于商代的青铜器，此后西周、春秋直至战国，都有不同形式的龙纹出现。明清时期，瓷器上的龙纹纹饰发展达到了巅峰。明朝初期，龙纹的形态较为粗犷，表现方式也比较直接。随着时间的推移，龙纹的形态逐渐细腻，表现出更多的细节和技巧。清朝时期，龙纹的形态更加细腻，技法也更加精湛，成为瓷器上的重要装饰。

二、形象特征

明清时期，龙纹的形象特征发生了很大的变化。明初的龙纹气势磅礴，强调至高无上，导致头部更大，上下颚更长，上颚高而凸出。外观威武凶猛，四肢粗壮，爪如鹰爪，多为四爪龙或五爪龙。绘制方面，也更加复杂细腻生动。明初的龙纹多为敞口龙纹，到了明代中期，则以闭口龙纹为主。明代中期的闭口龙纹并不像早期那样威武霸气，它的五只爪子呈风车状张开，给人一种飘浮无力的感觉，绘画过程略显简单粗暴。晚明的龙纹装饰绘画更为简单随意，直接用简单的网格图案代替了龙鳞。龙头略圆，有"猪嘴龙"的绰号，给人一种"敷衍"的感觉。至此，明初那种雄浑有力的龙纹形象已不复存在。

清初的龙纹整体呈现充满生机、大气磅礴的形象，虽无明初的龙纹那么凶猛和雄伟，但它仍表现出强健有力的姿态。康熙年间，龙纹的龙口呈张开状态，下颚比上颚略宽。身体修长，多呈"弓"字形盘旋，龙爪飞翔，神采奕奕。雍正年间，瓷器上的龙纹纹饰较为规整，龙口下巴齐平，鬓角整齐。龙爪也开始使用更多的卷云纹图案。乾隆时期，瓷器上的龙纹纹饰绘制得更加精细，并借鉴了康熙时期的造形，延续了雍正时期的云纹，使得纹饰更加丰富。当时也涌现出许多彩绘龙纹，青花龙纹的刻画便更为细腻，尤其注重对龙鳞和龙鳍的刻画。乾隆以后，开始摒弃前朝繁复的纹饰，取而代之的是简单的火焰纹。鬓角和龙鳍的描绘也只是大致概括，龙爪细长无力，因此被戏称为"鸡爪龙"和"虾弓龙"。到了晚清，瓷器上的龙纹装饰变得更加简单粗糙，脖子细，腿粗，鳍短，躯干结实，鬃角稀疏，酷似野兽，似乎失去了昔日的皇家气度。

三、文化内涵

龙纹作为中国古代传统文化的重要组成部分，寓意着吉祥、权威和尊崇。明清时期被广泛应用于瓷器装饰中，成为皇室和贵族身份地位的象征。同时，龙纹也寓意着风调雨顺、国泰民安，寄托了人们对美好生活的向往。此外，龙纹还被应用于宗教领域，成为佛教、道教等宗教文化的象征。

四、工艺特色

明清时期，瓷器制作工艺已经非常成熟，龙纹装饰的工艺特色也更加突出。在烧制工艺方面，明清时期的瓷器烧制温度更高，胎质更细腻坚硬，釉质也更加肥厚润泽。色彩搭配方面，明清时期的瓷器色彩更加丰富多样，龙纹的色彩搭配也更加精致巧妙。纹饰布局方面，明清时期的瓷器纹饰布局更加严谨有序，龙纹的摆放位置和大小都经过精心设计，整体效果更加和谐统一。

五、社会影响

明清时期，龙纹对社会文化方面产生了深远的影响。在政治领域，龙纹成为皇权和中央集权的象征，被广泛应用于宫廷用品和建筑装饰中。在军事领域，龙纹成为将士们的精神象征和战斗力量的来源。在宗教领域，龙纹成为佛教、道教等宗教文化的象征，被广泛应用于寺庙和道观建筑装饰中。此外，龙纹也对人们的生活和时尚产生了影响，龙纹装饰品成为人们追求美好生活的象征，被广泛应用于家居装饰和服饰设计中。同时，龙纹也逐渐成为一种文化符号，代表着中国的传统文化。

总之，在中国陶瓷文化的发展进程中，龙纹一直以其特殊的寓意而占有重要的地位。历朝历代的龙都肩负着不同的理想使命，都体现了时代个性。明清时期瓷器上的龙纹发展到了一个巅峰时期，龙纹的形态、文化内涵、工艺特色等方面都发生了很大的变化。我们通过了解明清瓷器龙纹的发展演变，可以更好地理解中国传统文化的精髓和独特的魅力。

·明代·

御窑瓷器

关于明洪武青花缠枝花卉纹菱口盏托的赏析

——

吴珍妮　刘天行

明代在我国瓷器发展史上是一个非常重要的时期。明代瓷器以其突出的贡献，在我国陶瓷史上占有显著的地位，特别是景德镇瓷器烧造技术在宋、元的基础上都有了很大提高，烧制瓷器技术得到了全面发展。当时，除了正式设"御器厂""厂官窑"烧制的御用器外，民窑瓷器也有很大发展，出现了"官民竞市"的欣欣向荣的局面。在繁花似锦的众多器物中，明代初期洪武朝的青花瓷器、釉里红瓷器以及红釉瓷器如昙花一现，尤为短暂、稀少、珍贵。

正因为洪武瓷器传世极少，加之目前尚未发现带洪武官窑款的器物，所以给区分洪武瓷器与元代瓷器带来了一定的难度。但是，随着考古发掘和研究的进展，明洪武瓷器的面貌逐渐被人们所认识。1964年考古工作者在南京明故宫遗址发掘出一批明洪武时期的瓷器，在出土的瓷片中，官窑、民窑都有。这些器物无论形制还是纹饰，都可以看到元瓷的影响，同时又蕴藏着不同于元代瓷器的新的变化。

明太祖朱元璋生于元天历元年（1328年），卒于明洪武三十一年（1398年）。元至正十二年（1352年），朱元璋至江西加入农民军。元至正十五年（1355年），朱元璋率军过江，攻下金陵。元至正二十年（1360年），朱元璋大将邓愈率兵攻下景德镇，原来驻扎在此的陈友谅部下、农民军首领于亮战败，投降了朱元璋。自此，景德镇成为朱元璋的领地。1361年，朱元璋委任李庸任浮梁县令。李庸采取"关田野、通贸易"等一系列政策，发展经济，恢复窑场的生产。1364年，朱元璋自立为吴王，建置百官。元至正二十年（1360年）到明洪武八年（1375年），约15年的时间里，应该是景德镇青花瓷大发展时期。将外销的元青花和国内窑藏、墓葬中出土的元青花相比较，它们的胎体、造形基本一致，但青花发色和纹样有差别：外销的一类青花发色浓艳，纹样布局十分繁缛，颈部极少有大括号似的莲瓣头纹饰，没有人物纹；窑藏、墓葬中出土的青花发色相对深沉，纹样布局相对疏朗。

青花瓷器在我国陶瓷发展史上占有极其重要的地位，最具民族特色。所谓"青花"一般是指应用"氧化钴"这种原料在瓷胎上绘画，然后施上透明釉，

青花缠枝花卉纹菱口盏托

入窑在高温1200℃以上经平稳的窑室一次烧成的瓷器。青花原料分进口原料与国产原料两大类，国产青料发色灰暗，进口原料色泽鲜艳。从中东伊斯兰地区进口的"苏泥勃青"因含铁高、含锰低，在适当的火温下烧出的青花色泽像蓝宝石一样。由于含铁高往往会在青花颜色中出现黑色斑点，呈星点状向外晕散。这种自然形成的黑斑，迎光侧视或用手抚摸，有凹凸不平之状，和浓艳的青蓝色相映成趣。由于青花在釉层之下，显得深沉含蓄，给人以凝重之感。青花瓷萌生于唐、宋，成熟于元代，盛行于明、清。各朝代青花瓷器因青花用料不同，故呈色也不一样，这也为断定青花瓷器的年代提供了重要依据。

洪武青花主要使用含铁量低、含锰量高且淘炼欠精的国产青料，呈色青中带有灰色调，发色也欠稳定，要烧制出发色均匀亮丽、纹饰清晰的瓷器难度很高。扬州文物商店收藏的这件明洪武青花缠枝花卉纹菱口盏托是目前传世的洪武青花瓷器里发色较好的一件。这件青花缠枝花卉纹菱口盏托极为罕见，纹饰线条细腻饱满，品相无瑕，且发色莹润鲜艳。和从景德镇出土的洪武朝青花瓷器的数据对比看，青花瓷的形制与釉里红的形制较为雷同。其中，有与枢府瓷类似的，也有体现洪武一朝自己风格的。

该盘的青花纹饰中有明显的深色斑点无规则地散布其中，这种小黑斑与元青花和明永乐、宣德青花的黑斑有所不同。器物口径19.5厘米、高2.4厘米。此盏托浅弧壁和宽板沿被模压成相等的八菱形，足里向外斜削一刀，有轻微的旋削痕迹，底足无釉，细砂底刷一层赭红色浆料。盘的足径与元代相比大而矮，表现出从元瓷小而高的圈足形式向明瓷大而矮的圈足的发展趋势，从而使器物的放置更加平稳。底足的旋削形式基本上与元风格相同，可见较明显的旋纹，但比元瓷细密。这种器足的处理方法，为以后永、宣瓷器所继承。盘的底足部刷有一层赭红色的浆料，这是洪武瓷的一个重要特征，不见于其他时期的瓷器，它与元瓷和明瓷无釉砂底上自然形成的"火石红"明显不同。胎质精细，薄厚适度，青花色泽淡雅清丽，少有晕散。器物釉质肥厚、白中闪青，可见细小釉泡攒聚密集，给人以温润柔和之感。

盏托的图案装饰分四层，板沿以卷草纹作边饰，盏壁绘八组仰莲纹、六组缠枝菊花纹，盏托中央绘有如意组成的莲花图案。仰莲纹的花叶呈螺丝状，缠枝菊花的花瓣分两层，外层每瓣留白边，花蕊呈斜网格状，每组花卉均匀排列。缠枝扁菊花是洪武瓷中常见的纹饰，以扁菊作为主题纹饰在元瓷中很少见。洪武的扁菊纹呈椭圆形，花蕊作斜网格纹，花蕊外以双线描花廓花瓣两层，里层不填色，外层每个花瓣的顶端和一侧留有白边，用以表现花瓣之间的间隔，使花叶每一层花廓都表现得很清楚。这种扁菊花形式脱胎于元代青花瓷上的菊花纹，但元瓷上没有二重花瓣，或无网格花蕊，或花形呈圆形。个别元代青花盘上的菊花与洪武扁菊类似，但花瓣间的留白要比洪武窄，花蕊外只以单线描轮廓，而且花叶较宽大、较规则，终不能完全一样。洪武瓷上的扁菊花纹到永、宣时就十分罕见了，所以说这种纹饰是洪武时常用的典型纹饰，这又为区分元代与明初瓷器提供了重要依据。盏托外壁的变形莲瓣与元代比较，洪武瓷器上的变形仰覆莲瓣边缘只勾线而不填色，莲瓣相互借用边线。元代莲瓣各自独立，莲瓣内常常精心描绘各种花卉如意云头或杂宝等，而洪武却多见单线勾描的涡卷纹、宝相花等。永宣期间的莲瓣纹或作双层重叠，在外层每两个莲瓣之间露出里层莲瓣尖，或在莲瓣内填色，完全改变了元代和明初洪武时期的形式。

　　从这件洪武青花缠枝花卉菱口盏托的造形上看，胎骨不及元瓷浑厚，质地比元瓷致密，显露出它正力图摆脱元瓷厚重粗笨的作风，孕育着以秀美飘逸而著称于世的明永乐瓷器造形的雏形，但与永宣瓷器相比稍感厚重。它的线条既有元瓷的豪放流畅，又在细节体现了明代瓷器精致规则的风格，见证了元末明初瓷风的嬗变过渡。

青花缠枝莲菊瓣纹鸡心碗

——

王卓凌

此器为"鸡心碗"，亦可称"莲子碗"。前者，因其碗底心外侧有凸起，形状似鸡心；后者，则因其碗形如莲房。两者皆由其器形特点而得名。碗敞口，深腹，弧壁向下渐收，底承圈足。通体青花绘制，碗内中心绘双圈，圈内填以折枝枇杷纹，圈外满绘缠枝花卉纹。口沿处海水纹环抱一周，与外侧口沿回纹相呼应。外壁条形菊瓣纹自近足处一直延伸至口沿下，此莲瓣纹饰受宋元诸多窑口装饰风格影响，抑或与宗教文化相关。外足墙勾勒单根线一周，圈足内施白釉，无款识。

在纹饰的整体组合与布局上，又隐约可见中东器皿的风格，其丰满的青花纹饰，以菊瓣、缠枝西番莲、枇杷纹饰，充盈整只碗身内外壁。这种带有伊斯兰风格的器物造形、纹饰在迎合永乐帝兼容并蓄的大国风范之外，也符合了西亚伊斯兰文化区域内民众的审美与使用习惯。而外壁以花瓣纹作纹饰是明永乐、宣德时期常见的艺术表现形式，常作为主体纹饰与其他花纹配合。内饰缠枝花卉纹，其结构连绵不断，又被称为"万寿藤"，寓有"生生不息"之意，寓意吉祥。

通体所绘青花发色浓郁，晕染富有层次感，釉色聚积处可见明显黑褐色铁锈斑点，触之有凹凸不平感，为典型的苏麻离青特征。据万历年间王世懋所著《窥天外乘》中所述："永乐、宣德间，内府烧造，迄今为贵……以苏麻离青为饰……"作为官方进口的优质瓷原料，受官府严格控制，一向只供应宫廷及海外守制瓷器时使用，足见其珍贵。

至宣德时期，鸡心碗外侧莲瓣多见双层，且宽短。清康熙、雍正多有仿制。除了纹饰的不同外，永乐鸡心碗相较于宣德者尚有体轻、足矮等特点。此类青花鸡心碗存世量稀少，自永乐朝开始创烧，为后世竞相仿制。

青花缠枝莲菊瓣纹鸡心碗

盛世瓷韵的绝代风华
明宣德青花一束莲大盘
——

吴　健

莲叶田田，十里菡萏，绵延在岁月长河里的一幅美好画面，盛世相逢时繁华背后的静谧安详、清波涟漪、摇曳生香。乱世烽火中不为所扰，在水一方，遗世独立，袅袅不绝的清宁与希望。一束莲花，一段华年，代表了无尽美好的愿景。出淤泥而不染、濯清涟而不妖的风骨，又带给人们多少的世间警醒。作为中国传统文化艺术里的典型花卉形象，莲荷自古就拥有独特的气质和精神内蕴。书画里有之，瓷器、玉器、木杂、牙角等纹饰上亦常见其娉婷身姿，而且逐渐演化为不同的工艺技法和表现形式，越来越丰富多彩的艺术形象。以瓷器上常见的莲荷纹饰为例，我们可见刻画莲荷纹、堆塑立体莲荷纹、雕瓷莲荷纹、彩绘莲荷纹等。莲荷的形象有最常见的缠枝莲纹、折枝莲纹、仰莲纹、覆莲纹……还有我们这里要重点赏析的一束莲纹。

这次"盛世御窑——国有文物商店典藏瓷器精品展"，呈现给各位师友藏家的明清景德镇官窑瓷器众多，其中这件青花一束莲大盘，是明代宣德年间青花瓷器中的标准精品，存世量稀少。这件大盘来源为南京文物公司（十竹斋）库房旧藏，大盘直径 34.5 厘米、高 6 厘米，无任何瑕疵或损伤，时代特征明显，工艺水平精湛，更兼品相十分完美，殊为难得，是传承有序的珍贵定级文物。故宫博物院、南京博物院、上海博物馆等国内著名文博单位也藏有类似的青花一束莲大盘。细观整个盘子，首先给人的感觉就是形制规整大气，盘口为敞口，盘身较高，够大够高，符合我们常说的"粗大明"特点。这里的"粗大明"说的可不是粗糙之意，而是言简意赅地点出了明代，尤其是明早期瓷器等艺术品体现出的那种雄浑厚重、稳健端正的王朝风采。盘口之下，浅壁微弧的盘壁，配合着未施釉的细砂广平底，浑厚的圈足，修胎规整，足部刮釉处有少许火石红痕迹。露胎处，质地细腻如糯米粉，抚摸之，公认如同小儿肌肤的触感。胎质细白坚致的特点，反映了宣德时景德镇官窑厂高岭土淘炼制作的高超水准。大盘内外壁及盘心通体施釉，釉质莹润、肥腴，施釉匀净，釉色白中略泛青。此盘纹样以束莲纹为主体，口沿内外各饰卷草纹一周，内外壁绘缠枝莲、菊、芍药、牡丹、茶花等四季花卉，盘心绘莲花、莲实、莲叶、慈姑、红蓼、香蒲，

明宣德青花一束莲大盘

以飘带结成一束。画工细腻雅致，线条流畅自然，多以小笔触勾勒填色，间以一笔涂抹，浓淡深浅，分层自然。绘画灵动精妙，一如水墨作画，充满雅韵。整体纹饰表现力极强，构图简洁，层次分明，粗细、疏密有致。莲花灵动鲜活，似随水波流动，流露出浓厚的笔墨趣味。青花采用永宣时御窑厂广为采用的进口苏麻离青钴料，青花纹饰发色浓艳，凝重浑融。青花浓重处呈黑色结晶斑，深入胎骨，抚之有凹凸不平之感，在釉面映衬下产生一种梦幻般的锡光效果，有永乐御窑的遗风，展现出宣德时期青花浓正却不失清新明快的艺术魅力，实为同期上乘之作。宣德时青花一束莲大盘，都为露胎细砂底，未施釉，不带落款，但毫无疑问，其为明初景德镇御窑厂经典的官窑青花瓷器代表作，是明代宣德官窑器中的经典器物。中华流传千古的盛世瓷韵，几段陶瓷史上的高峰期，涌现出许多绝世风华的名器，其中一定有宣德青花一束莲大盘的一席之地。

众所周知，青花瓷是指用钴颜料在素坯上绘画，罩以透明釉，放入窑内一次性烧出的白底青花釉下彩瓷器。元、明、清三代，在工艺美术领域，青花瓷是一颗极其耀眼的明珠。它作为中国陶瓷史上最有影响力的品种，盛行于神州大地的东西南北，甚至随着陆上、海上丝绸之路，贸易商队、船队，跨越千山，远涉重洋，直抵世界各处。五洲四海，都能看到青花瓷那令人惊艳的蓝白色，广受欢迎及喜爱的程度，再无出其右者。在这三朝中，明代青花以其精美雅致、清新脱俗、大气洒脱的风格，独树一帜，并在不同的时期表现出不同的艺术特点。有明一代，尤以永乐、宣德、成化三朝最为出色。永乐、宣德两朝的青花瓷器各有特色。永乐时，明成祖朱棣喜好温和恬净的白瓷，所以当时位于景德镇的明御窑厂创烧出了甜白釉，油脂般的色调与光泽，为青花彩绘做了很好的衬托，成品蓝白相间的明暗互衬，鲜明敞亮。三宝太监郑和下西洋带回了苏麻离青，这是一种低锰高铁的钴颜料，发色青翠明艳，在甜白底上，愈发清妍夺目；青料凝聚处呈现乌黑浓重的"铁锈斑痕"，有一种影影绰绰的朦胧美；更有新颖别致的晕散现象，类似中国水墨画的晕染效果。再加上永乐青花瓷胎质细腻、造形优美、构图疏朗，器物轮廓线条略柔和，使永乐朝青花瓷充满了独特的艺术美感。宣德时的青花瓷，上承明初，下启明时又一高峰成化朝。宣德早期整体造形风格又向明初时靠拢了一些，浑厚端庄大气。宣德后期开始风格改变，成化时纤柔的风格逐步显现。宣德朝瓷器的青花纹饰富含文人画意趣，也就是我们俗称的充满了文人气。这源于宣宗朱瞻基也是一位"左手江山、右手艺术"的帝王，和永乐一样，其极富治国才能，也颇有审美品位和艺术才华。在宣德朝，青花瓷不仅烧造量大，其品种之多也是空前的。朱瞻基还是一位很有情趣的帝王，他痴迷斗蟋蟀，青花瓷中还出现了大量精美的蟋蟀罐，景德镇御窑厂博物馆收藏的宣德时的蟋蟀罐标本数量惊人。又因他擅长文人画，"凡山水、人物、花竹、翎毛，无不臻妙"，所以青花瓷上的纹饰就有了莲荷牡丹各色花卉，行龙、凤穿花、瓜果、天马、莲池珍禽、樱桃荔枝，画眉锦鸡、白鹭黄鹂、猎犬飞鹰等10多种。现代考古发掘与科技检测表明，宣德朝青花瓷有一部分使用的并不是苏麻离青，而是一种低铁高锰类国产钴颜料，呈色是纯正蓝色中略带紫调。但是，永乐时进口的苏麻离青钴料，宣德时御窑厂也在大量进口及使用，在青花深沉的发色和铁锈斑的凝聚等很多方面，宣德不少青花瓷和永乐又颇有类似之处，所以文玩圈素有"永宣不分家"一说。

清代康熙、雍正、乾隆三朝是青花瓷发展史上的又一高峰，俗称"清三代"。这三代里雍正朝仿制了大量明永乐、宣德、成化时期的作品，如缠枝莲大盘、一束莲大盘、鸡心碗、缠枝莲碗、执壶、天字罐、十六子小罐等。其中缠枝莲大盘、一束莲大盘是雍正时期仿得最多的，某些工艺方面的质量要高于永宣时期。这些刻意仿制明代永宣时期的器物，制作精美，造形玲珑有致，工艺考究。要区别雍正朝的仿品与宣德本朝的器物，需要注意以下几点：第一，雍正时期仿前朝的器物圈足一般都被打磨成滚圆的泥鳅背状，而本朝器物未经打磨；第二，宣德本朝器物因胎土淘洗达不到清三代的水平，底部会有火石红，而雍正仿前朝器物淘洗精细，没有这一特征；第三，宣德本朝器物瓷胎较厚重，雍正的仿品胎较轻薄；第四，本朝器物青花中有分布自然、深入釉底的铁锈结晶斑，雍正时期的仿品瓷青花中无铁锈斑，但会有画笔重点渲染，形成分布规律的藏青色斑点，用以模仿宣德时进口苏麻离青钴料的铁锈结晶斑；第五，宣德本朝青花中可见小笔绘画的痕迹，雍正仿品没有这一特征。

　　宣德青花一束莲大盘上的主题纹饰为莲花。早在东汉时期，随着佛教文化的传入，莲花纹饰即开始在陶瓷器皿上出现。到了南北朝时期，莲纹饰成了瓷器上较为常见的图案。明代永乐、宣德时期的青花瓷器上，"一束莲"成为典型的装饰图案，其也被称为"一把莲"，并且如之前所述，这种图案的瓷器在后世的清代康雍乾三朝也被大量效仿。莲纹作为瓷器上最常见的纹饰，其中青花束莲纹又显得尤为不同。束莲纹的形式有置于水波中的一束莲、交错对称的二束莲、"三分天下"的三束莲，以及散莲等多种形态。这种纹饰最早出现在北宋耀州窑中。明永乐时期，青花一束莲开始大量出现，永宣时期是这种纹饰应用在青花瓷器上的高峰期。青花一束莲纹盘从另一个侧面可以说是提倡廉洁政策的一个体现。莲花的"莲"和廉洁的"廉"是一个音，也有出淤泥而不染之意。另外，这是青花瓷，青花的"青"和"清"廉的清也是一个音，所以这个盘子有一个很好的寓意就是为官要清廉。这是对当时为官之人在道德品质上非常好的约束和提醒，因此一个美好高尚的寓意在这样一件器皿上得到了很好的体现。因"一束莲"有"清廉、高洁"的寓意而深受士大夫的喜爱，据传永乐帝经常用这样纹饰的青花瓷器赏赐给大臣，用来告诫大臣为官需要清廉，这也是明朝开国皇帝朱元璋提出来的治国之策。朱元璋"四菜一汤"告诫官员廉洁自律、清正为官的故事，在民间依旧广为流传。青白相间的青花瓷，自然引起了朱元璋内心的共鸣，特别是寓意清廉高洁的莲花纹饰更是深得圣心。其后的永乐皇帝和宣德皇帝延续了这一传统，他们让御窑特别烧制了这种带有莲纹图案的瓷盘，作为赏赐给大臣的物品，勉励官吏们要像一把莲一样，集多种美德于一身。明初的这几位皇帝可以说都是励精图治，为发展国民经济采取了很多的措施，因此在明初很快国力就恢复过来。到了宣德年间，经济已经有了很大的发展，社会稳定，国家政策上也没有大的争端，朝廷里也没有党争。宣德皇帝是明朝的第五位皇帝，他在位期间，国家的整个状况也是国泰民安。宣德刚一即位时，他也遇到了一个大麻烦，他的叔叔汉王在山东起兵造反，并且联合其他诸王一起反叛。最后的结局以宣德的胜利告终。他把汉王叛乱平息下去之后，群臣认为汉王该杀，但宣德没有杀他，保留了他的生命。这体现了宣德很有胸怀。他在用人的时候，尤其对文官是放手使用的，从不猜忌，同时他还减轻一些农民的负担，来发展生产。国家内外也没有危机，这就出现了"仁宣之治"，开创了"永宣盛世"。明朝几百年间，永宣时期是明朝历史上发展的黄金时期，被称为盛世也是不足为奇的。

青花一束莲纹饰中，莲花以绸带缠扎，花束中配以莲蓬、慈姑、红蓼、香蒲等水生植物。上部花叶疏密有致，好似随风飘展；下部根茎又似在水波中轻轻荡漾，婀娜多姿。盘心纹饰的主题是青花釉料绘制的一朵朵莲花，另外的几样与莲花伴生的植物分别为慈姑、红蓼、香蒲。慈姑是一种水生植物，叶子好似一个个箭头，看似锋利，但并不伤手。《本草纲目》记载："慈姑，一根岁生十二子，如慈姑之乳诸子，故以名之。"寓意为官者应爱民如子，为官一任，哺育一方。

红蓼是一种野花，花语是立志。越王勾践"目卧则攻之以蓼，足寒则渍之以水"的故事里，正是用带有刺激性的蓼花来刺痛自己的眼睛，以使自己不辍于朝政，这也是君子不忘初心的印证。香蒲也是一种水生的草本植物。《为始安王拜南兖州刺史章》中记载了一个和蒲草相关的故事，"臣职右南阳，谢蒲鞭之政"。古代官吏用柔软的蒲草做鞭子，不会对人造成太大的伤害，这也喻示了官吏的宽厚仁慈。

清朝朱琰编撰的《陶说》这样评价宣德官窑的青花瓷器："此名窑极盛时也。选料、制样、画器、题款，无一不精，青花用苏泥勃青。至成化，其青已尽，只用平等青料，故论青花，宣窑为最。"南京文物公司旧藏的这一件青花瓷一束莲纹瓷盘正是宣德官窑御瓷的上品之作。陶瓷是水土火结合的艺术，有瓷器这种优秀的艺术载体，文人画师妙笔生花其上，思想心灵投射其间，完美地结合，创造出许多传承数百载而历久弥新的艺术珍品。浩瀚如海的中国瓷器宝藏里，

"一束莲"纹饰所蕴含着的中华优秀文化传承至今，经久不衰。这一件南京文物公司旧藏的宣德青花一束莲大盘，既能让我们欣赏青花瓷器表现出来的高超艺术价值和文物价值，更能让我们领会中华民族代代相传的正直风骨和清正不阿的立世精神，这正是博大精深的中华文化和中华文明生生不息的根源所在。让我们守护好宝藏，传承好中华文脉，弘扬优秀传统文化，让历史蕴含的正义和真理千秋万载、薪火相传。

造化琢器——明永乐甜白釉暗刻一束莲纹盘赏析

高海洋

引言

明代（1368—1644年），在中国历史上，作为一个由汉族统治者所统治的大一统帝国，无论是政治、经济，还是手工业方面都有亮眼之处。若以政治经济为核心，手工业的发展和成就就可以作为这一核心的外在表现形式，成为一个朝代文化的代名词。明代的手工业可谓是俊秀林立、百花齐放。从可登大雅之堂的瓷器，到能让小厅蓬荜生辉的典雅文房，再有巧夺天工的玉作件，更有法身妙相的佛像。它们似乎都摆脱了元代统治者在制度、经济上的约束。可以说，明代既承袭了一部分元代手工业巨匠的艺术成就，又有开拓惊鸿的历史性创造。它的艺术风格呈现多样化，艺术表达方式也呈现多元化，总体来说既典雅又大气，既洒脱又瑰丽。这其中御窑厂所造的官窑瓷器，不言而喻地为明代的艺术史添上了浓墨重彩的一笔。

明末黄花梨素面笔筒

一、如其本来，亦无所去

瓷器和陶器一样，最初大概率是诞生于劳动人民手中的[1]。一开始成为一种实用的器皿，在长期接受地缘文化和艺术的熏陶之下，逐渐来到大雅之堂，成为皇帝的案头陈设，成为祭天礼地的供器，最后成为中国的代名词。

说到明代瓷器，以明代御窑厂制作的官窑器在国际上久负盛誉，这其中又以明代永宣时期的御窑厂生产的御用瓷器更加出类拔萃。所谓"有明一代瓷器看永宣"，这绝不是空穴来风，不论是在器物的造形、绘画，以及所用的材料上，都足以开一代之宗，且秀立于人类艺术之林。据《明史》记载，景德镇御窑厂的设置时间为明洪武二年[2]，设置的初衷是为宫中祭祀置办所需器皿。在封建帝国时代，皇帝每年都要祭拜天、地、日、月四坛，以及太庙斋戒[3]。这在当时属于国家章程之内的大事，历代君主都极其重视。天以蓝礼，地以黄礼，日以红礼，月以白礼，正好对应着中国古陶瓷当中的四大颜色釉。民国古玩商口中常说的"颜色釉里多官窑"恐怕也是由此而来。

白釉器在中国古陶瓷里是至关重要的存在，曾有欧美学者把是否能够烧造

明宣德金铜释迦牟尼成道像

明中期和田白玉"花神杯"

宣德青花一束莲盘

宣德青花缠枝牡丹蟋蟀罐

永乐青花海水缠枝莲大盘

高温白釉瓷作为衡量一个国家制瓷业是否成熟的标准。可白釉虽素，但并不简单，它需要把胎土和釉水中所有可以呈色的金属氧化物全部淘炼干净才得以呈现。其中铁(Fe)元素在胎釉中的含量对烧造白瓷影响较大，多则闪青，少则乳白。北方瓷土的含铁量较南方瓷土少，相比南方窑口对于烧造白瓷有着得天独厚的优势[4]。

在中国古代陶瓷里，最早带有确切纪年的白釉器出现在北朝时期[5]，发展到隋代（581—618），河北的邢窑作为白瓷的领军窑口就已经开始向全世界展现出白釉之美，和南方的青瓷并称，有"南青北白"之说。青瓷中最具代表性的是所谓"以千选一"的标准，为朝廷烧造供奉所用器物的越窑"秘色瓷"。

二、景德镇烧造白釉瓷器的由来

景德镇从唐代开始就烧造白瓷，通透如玉，当时竟能够和玉器相媲美。到了宋代，得益于开放海禁和取消宵禁的政策[6]，加上星罗棋布的各地名窑之间的相互模仿和相互竞争，加速了制瓷业的发展。景德镇烧制的白釉器已经有了"南定"的称号，在中国陶瓷史上称作"影青瓷"。窑址在今天的景德镇湖田县[7]。因宋真宗以其年号给景德镇命名，可见其得天独厚的制瓷环境和艺术水准。

元代的景德镇制瓷巨匠们在吸取了前人制胎工艺结晶的基础上，创造性地采用了瓷石加高岭土的二元配方制胎技巧[8]，大大地提升了瓷器胎土的洁白度，让青花这种釉下彩瓷有了一个前所未有的"画布"。可以说既给予了青花工艺更大的艺术发挥空间，又让白釉瓷器的制作在工艺上整体上了一个台阶。代表作有内印"枢府"字样的白釉瓷器，传世器以盏盘为多。"枢府"是元代官府机构枢密院的统称。带有"枢府"款的瓷器，与元代枢密院应当有密不可分的联系。关于这一时期的白釉器应当另立论点，再做详细叙述，这里笔者暂且简单概述。

到了明代，窑工们熟知"窑之初事，始于淘土"；即要生产出精美的瓷器，首先得从炼泥开始。因为淘洗精细、炼泥认真，所以瓷胎的杂质极少，十分紧密。

同时也提高了胎的白度，加上瓷胎配方合理，瓷石与高岭土比例适中，使其达到了现代硬瓷的标准。在配釉方面，知道釉色的青与白不但和着色剂——铁元素有关，也和助溶剂有密切关系，掌握了"灰（釉灰）多则青，灰少则白"的经验，窑工们可以根据需要来控制釉的白度。白釉器呈现出另一种让人刮目相看的独特美感[9]，釉面肥厚、细腻、莹润，溢中似乎蕴含着无限，中国陶瓷史称之为"甜白"，又加以有别于前世的刻花（划花）工艺，给人耳目一新的艺术装饰效果和独特的艺术表达方式。据耿宝昌、涂华编著的《景德镇明清官窑》一书所说，御窑厂永乐早期地层出土的残片中 80% 为白釉瓷器，足可以体现当时对白釉瓷器烧制的苛刻标准。

三、精品实例

这件永乐甜白釉暗刻一束莲纹盘，外观大气磅礴，虽静穆却又彰显内涵，虽素雅却又富含文化；唇口微侈，细砂底，胎质极其细腻顺滑，无款。永乐御窑写款者较少，仅见"永乐年制"篆书刻款，极个别用青花书写，起落笔触尖细，结体紧凑。写款者大多碗盘之类[10]，青花器写款者仅见于现藏故宫博物院的压手杯，这和"宣德年款偏器身，楷刻印篆暗阳阴，横竖花四双单圈，晋唐小楷最出群，德子心上少一横"有着鲜明对比，也是很有意思的现象。但是，不可否认的是：这件器物的确是当时御窑厂所烧瓷器中最具独特韵味的一类。该器体量很大，对胎土淘炼的要求极高，对成胎的干燥程度也是一样，否则轻者变形、重者炸裂，会造成不可逆的失败。再有窑内温度的精准把控，很难想象古代御窑厂的师傅们是如何在没有温度计的帮助下完成这不可思议的成就的，可谓叹为观止。造形和同时代青花器如出一类，只不过重点纹饰采用刻花来表现。盘心用细若游丝的篦刀打出双箍，在箍内用熟练的刻画艺术创造出"一把莲"的纹样。

所谓"一束莲"始见于元代，但永乐更加飘逸生动，内容也较元代有别。它是将莲池中的莲花、莲蓬、荷叶、红荽、慈姑、芦苇等用丝带扎成一束，故

唐五代邢窑马挂瓶

唐邢窑白釉模印瓷兔

唐越窑青釉执壶

唐越窑"秘色瓷"五瓣盏，1987年法门寺地宫出土

明永乐甜白釉暗刻一束莲纹盘

称"一束莲"，以与"并蒂莲"区分。这件器物的刻画也极为精细，线条流畅，洒脱自然。如游龙一般飘逸，又如蚕丝一般有韧劲，艺术创造力和表现力十足，灵动中一丝不苟，典雅里透露灵感，是为典型的御窑厂的手笔。此盘也是难得一见的永乐朝御窑瓷器。

结语

在人类历史上，中国作为首先诞生瓷器的国家，留给全人类的艺术佳作不胜枚举。受时间和篇幅的限制，本文只是列举了其中的一个品种的珍品加以表述。在浩如烟海的中国古陶瓷当中，只能算是沧海一粟。还有很多珍品甚至是绝品等待着考古工作者和学术专家们进一步探索、辨别和研究。本文若有失当不妥之处，望观者海涵，且纠正。

注释：

[1] [4] [5] [8]《中国陶瓷史》，中国硅酸盐协会，冯先铭、安志敏、安金槐、朱伯谦、汪庆正主编，文物出版社，2010年1月第1版。

[2]《景德镇明清官窑》，耿宝昌、涂华主编，李一平、李子嵬著，江西美术出版社，2016年5月第1版。

[3]《明实录》，胡广等编撰。

[6]《宋史》，（元）脱脱、（元）阿鲁图。

[7]《浮梁县志》，（清）程廷济。

[9]《景德镇明清官窑》，李一平、李子嵬著，江西美术出版社，2016年5月第1版。

[10]《中国古瓷铭文》，朱裕平著，上海科学技术出版社，2018年1月第1版。

明代永宣青花：青花瓷器的一代盛世

——明永乐青花花卉菱口花盆赏析

房　悦

青花瓷是以研磨处理后的氧化钴矿石为颜料，在素瓷坯上绘制各种图案花纹，在绘制完成后施以透明釉，将图案花纹笼罩于釉下的一种釉下彩绘瓷器。因其中的着色剂钴元素在入窑后经高温还原焰烧造呈现青蓝色，形成白底蓝花的外观，故而得名"青花"。玻璃质感的透明釉面对釉下纹饰起到了很好的隔绝和保护作用，使得青花瓷具有历久弥新、永不褪色的特点。具有色调明快、纹样多变、经久耐用特点的青花瓷，作为兼具生活实用性和艺术观赏性的优秀瓷器品种，在众多瓷器品类中凸显出来，广受欢迎。青花瓷在我国的烧造历史可追溯到唐代。元代中后期，成熟的青花瓷器在景德镇横空出世。到明代初年的永乐、宣德时期，青花瓷器更是"发旷古之未有，开一代之奇葩"，开启了青花瓷的一代盛世。明代永乐、宣德两朝的30余年里烧造的青花瓷器数量众多、品质上乘。永宣青花既具有青花瓷器的共性美，又因其青花发色、造形纹饰、气质韵味的特殊性而具有独特的个性，成为中国青花瓷烧造史上一座不可逾越的高峰，在中国古陶瓷历史上遗世独立，受到古今中外爱好者的追捧推崇。是什么让永宣青花瓷器具有如此之高的艺术、经济和历史价值？让我们通过永宣青花瓷器的典范之作——明永乐青花花卉菱口花盆来一探究竟。

菱口、折沿，整器呈四瓣海棠花形，造形仿自波斯金银器，敦厚却不失秀美。底足露胎处触感光滑，瓷胎坚致细腻。釉面肥厚滋润，积釉厚处泛青色，略有橘皮纹。主体绘山石、缠枝牡丹，托座菱口形状与上部呼应，绘四组缠枝花卉，主体突出，层次分明。青花用苏麻离青料，发色浓艳，笔触浓重处现铁锈斑。

永宣青花的最大特色是苏麻离青青料的使用，这种青料虽来源于异域，却将东方美学发挥到了极致。苏麻离青，简称"苏料"，又称苏泥麻青、苏勃泥青、苏泥勃青等。名称的来源说法不一。第一种说法是相传有个名叫苏来曼的人发现了这种钴料，用发现者的名字来命名，是波斯语"苏来曼"的译音。第二种说法是因其呈现的宝石蓝色，是英文蓝玻璃"smalt"的译音。实际上，苏麻离青的产地与由来至今未有定论。明朝万历十七年（1589）王世懋的《窥天外乘》记载："……官窑，我朝则专设于浮梁县之景德镇，永乐、宣德间，内府烧造，

明永乐青花折枝花卉菱口花盆

迄今为贵。以苏麻离青为饰，以鲜红为宝。"这是关于苏麻离青最早见于成书的记载。苏麻离青具有低锰高铁的特性。含锰量低，则青料中的紫、红色调减弱，其蓝色更加纯粹幽深，呈现蓝宝石光泽；含铁量高，使得青花在高温下呈星状点滴晕散，浓重处凝聚成深入胎骨的青黑色铁锈斑点，俗称"锡斑"，用手抚摸有凹凸不平之感。古人认为，苏麻离青的这种呈色特点具有端庄大气、凝重敦厚之美。从某种意义上来说，这代表了一种中国式审美，即意境之美。中国式审美讲求的是形散而神聚，苏麻离青料在高温下自然晕散、流淌，使其具备了中国水墨画的特性，在似与不似之间，形神兼备、气韵生动。而天然结成的铁锈斑，又使得这种青料在呈现时具备一种不确定性，这种不确定性带来一种缺憾美，就像美人的胎记，讲究的是浑然天成、不加粉饰。清代仿造的永宣瓷器，因青料不同，无法自然结出铁锈斑点，往往会用绘画技法故意点染出铁锈斑点。这表明在东方美学里，苏麻离青结出的铁锈斑不仅不影响其美观性，还作为特色受到了推崇和模仿。

永宣青花是明清官窑瓷器的开山之作，它是官窑瓷器的经典品种，具有极高的历史意义和收藏价值。明代以前，官窑也叫贡瓷，遵循的是"有命则供，无命则止"的原则。唐代的邢窑为宫廷定烧；秘色瓷作为越窑的特制品种也为贡瓷；北宋开始在开封、南宋时于杭州乌龟山下设立的官窑，后又在龙泉烧造的仿官窑器，皆与宫廷有关；元朝政府在景德镇设立的浮梁瓷局，是全国唯一一所为皇室服务的制瓷机构，至此景德镇制瓷享誉全国。从以上这些可以看出，凡与宫廷和皇室挂钩的瓷器品类，皆成为中国陶瓷史上的一代名品。而真正符合当今大众认知的官窑，应是明清的官窑瓷器，它是由景德镇御窑厂出品的、专为宫廷烧造日常生活器皿和赏赐品，它的出现是在明代洪武朝以后。清代蓝浦在《景德镇陶录》中记载："洪武二年就镇之珠山御窑厂，置官监督，烧造解京。"可见，官窑瓷器从洪武始有，但洪武时期并未见有落帝王年号款的器物。明代谷应泰在《博物要览》中记载："永乐年造压手杯，坦口折腰、砂足滑底，中心画有双狮滚球，球内篆书'大明永乐年制'六字或四字款。"。

随后宣德朝更是有了"宣德落款器满身"的说法。所以，在器物上彰显瓷器的官窑属性，从永宣始有。官窑瓷器是皇室与朝廷定制的专属瓷器，题材、品种、纹样都有范本，由高水平的工匠以最优质的原材料经道道把关、层层筛选制作而成。因而历代官窑瓷器都代表了同时代最高的制瓷工艺，具有重大的艺术价值、经济价值和历史价值。官窑生产不惜工本、制作讲究、纹饰规矩、题材严谨，且因其产量稀少、民间不可留传的特性，使其从诞生之日起就具备了奢侈品的属性，是不可多得的收藏佳品。永宣青花以官窑、民窑的分水岭地位，成为官窑瓷器的经典之作。

永宣青花是中国传统文化与世界文明交流碰撞的产物，它以包容的姿态博采众长，见证了中外文化艺术交流。永宣时期恰与郑和下西洋的时间线重合。从永乐三年至宣德八年，郑和共计七次率领船队远渡重洋，经西太平洋和印度洋，最远到达非洲和红海，足迹遍布沿岸30多个国家和地区。郑和远航贸易持续了近30年，所经之处大多为伊斯兰文明区域，故而下西洋本身也极大地促进了伊斯兰文明与大明王朝的广泛交流。在明永乐青花花卉菱口花盆上，我们看到除青料为进口原料外，此器造形仿自波斯金银器，但主体纹饰却绘制了山石、缠枝花卉等中国传统纹饰，体现出伊斯兰文化与中国传统文化的碰撞与融合。永宣青花总体继承了元代的风貌，融合明代自身的特点，主体纹样从前朝盛行的花繁枝盛的牡丹或莲纹，逐渐过渡到清新雅致的中国传统缠枝花卉，同时带有异域色彩的葡萄纹和卷草纹开始流行，还出现了象征外事交流活动的海水纹饰。在装饰纹样上，花卉枝干、花叶经过概括和变形后往往为几种花卉交错重复使用，这种植物类重复性的装饰纹样，也透露出典型的伊斯兰风格。同时在器形的体积上也适当收小，形成了与元代截然不同的玲珑隽秀之疏朗风格，不同文化在一起交流碰撞、和谐共生。郑和下西洋不仅为永宣青花带回了苏麻离青青料和伊斯兰文化纹饰，同时在瓷器造形上也吸收了外来文化特色，出现了许多具有异域风情的新造形，如无挡尊、执壶、花浇、僧帽壶、折沿盆、抱月瓶、仰钟式碗等。此外，回文、梵文、阿拉伯文等外来文字，以及飞虎、狮子、海马等奇珍异兽也开始常见于永宣青花瓷器上。博采众长、兼容并蓄，永宣青花正是在与不同文化的交流碰撞中汲取养分、丰富自身，形成了自己独特的既古雅又开放的艺术风格。

历史上永宣青花的对外贸易，助力永宣青花走出中国、走向世界。在扬州发现的唐代青花瓷片，从其青料和纹饰风格可观察到与外销有关，加之扬州是唐代重要的对外贸易港口城市，这一点充分指向了青花瓷自诞生起就有了外销属性。元代以后，青花瓷制瓷工艺日趋成熟，逐渐成为景德镇瓷器生产的主流，并远销国外。政府的对外赠予、各国使节的回程贸易、永宣时期郑和下西洋和明朝历代的民间海外贸易是明代青花瓷器输出的四种主要途径。随郑和出使的巩珍、马欢、费信分别在《西洋番国志》的"柯枝国"条、《瀛涯胜览》的"爪哇国"条和《星槎胜览》的"暹罗"条上记载了当地人对于中国青花瓷器的喜爱与欢迎，原文中有"国人最喜中国青花瓷器""货用青白花瓷器"的记载。《明会典》卷一一三更是详细记载了青花瓷器的外销价格："青白花瓷盘每个五百贯，碗每个三百贯，瓶每个五百贯，酒海每个一千五百贯。"大量对外输出的青花瓷器中不乏精品之作。现亚、非两大洲各大收藏机构皆可见到明代永乐、宣德青花瓷器的身影，如伊斯坦堡托普卡帕宫殿、伊朗阿尔华尔寺院博物馆、菲律宾阿南巴明大学人类学博物馆等。永宣青花的对外输出，让永宣青花作为中国瓷器的一张名片，被世界广泛认识、喜爱和收藏。

回首再看这件明永乐青花花卉菱口花盆，端详其端庄凝重的幽蓝纹饰，感受其兼容并蓄的艺术风格，感叹其走向世界的开放格局，品味其官窑正统的雍容气度。过去几百年里，永宣青花瓷器始终以中国青花瓷的魁首之姿，经历时间的检验、见证历史的变迁，以其强大的艺术感染力和创造力，为中华文化提供了丰厚滋养，为世界文明贡献了华彩篇章。

明成化青花凤鸣在竹人物高足碗赏析

——张之光

明成化青花凤鸣在竹人物高足碗是南京文物有限责任公司库存为数不多的，是 20 世纪 80 年代全国文物普查时期由谢稚柳、徐邦达等一批老文物艺术鉴定家鉴定并定级的文物之一，是明代瓷器中颇具特色的佼佼者！在明朝 276 年波澜壮阔的历史长河中，有一个朝代只经历了短短的 23 年，却为自己留下了浓墨重彩的一笔，这就是成化时期。这 23 年虽内忧外患、积弊深沉，但宪宗皇帝励精图治、犁庭扫闾，使得社会整体亦能"幸称小康，太平无事"，为"弘治中兴"打下了基础。而就在这"盛世"与"变世"共存的夹缝中，瓷器艺术却蓬勃发展，成化青花被推为明代八大时期之冠，淡描五彩无所不精，不论器形、胎体、用料、画篇都取得了前所未有的突破，为中国青花瓷器的发展谱写了新的篇章！

这件明成化青花凤鸣在竹人物高足碗就是成化青花中极具代表性的巅峰之作，无论是器形、胎体、青花发色，还是故事画篇，都值得细细琢磨、慢慢品味！

明成化青花凤鸣在竹人物高足碗，敞口，深腹，口沿微微外撇；近底处丰满；下承高足，高足整体偏细，下部稍粗，但不甚明显。乍眼望去，端庄圆润，玲珑隽秀，亭亭玉立，气质卓然。高足杯，又称"把杯""马上杯"，上为碗形，下有高足。由于元代多为游牧民族，为方便马背之上把酒言欢，便大量烧制了这种可单手举握的酒具。之后的明、清两朝亦十分推崇。尤其是明代，高足杯被大量用来赏赐藏族等少数民族。永乐时期将杯改为碗，足随之变得粗矮，故曰"高足碗"。此时，高足杯已从酒具渐渐转变为宗教礼仪中存放鲜奶、酥油、青稞等供品的圣物。西藏博物馆中单永乐时期赏赐的高足碗就有 20 多件。成化时期高足碗较多地继承了宣德时的特点，以敞口居多，碗腹较深，足矮于前朝。成化年历时较短，所产器物存世量远不如永宣，但质量却卓尔不凡。成化时，士农工商普遍进入了"玩物时代"，烧制瓷器多小巧精致，在细节上竞相媲美、争奇斗艳，故而当时有"成化无大器"之说。也正因此，成化时期留世的器物多精美绝伦，令人赞叹。此件明成化青花凤鸣在竹人物高足碗打破了以往单色釉、缠枝花卉或单一画片为主体的桎梏，改以纤巧细致的人物故事画，

青花凤鸣在竹人物高足碗

便可见一斑。

　　再细端详，此件明成化青花凤鸣在竹人物高足碗不仅拉坯端庄挺拔、隽美不俗，且胎体轻盈匀称、表里如一，即便是接胎处，也毫不厚重。微微打光，胎壁莹莹，画片若隐若现，仿佛美人纤纤而立、顾盼生辉。这清透之质与成化青花瓷器所用的优质"麻仓土"密不可分。麻仓土是产于景德镇附近的麻仓山的一种高岭土，含石英、绢云母为主体的岩状矿物，是我国制造瓷器的重要原料之一。成化时期，景德镇匠师用特殊的方法把瓷土中的铁质提纯出来，再把瓷胎的氧化铝含量提高，形成"御官土"。以御官土为坯胎制瓷，在窑内高温焙烧过程中不易瘫软变形。所制器物挺拔端庄，胎质洁白细腻、莹润光洁，若迎光透视，竟能显出半透明状，隐约可见胎体泛出浅淡的肉红色或牙黄、牙白色，温润典雅，玲珑剔透，近于脱胎。若看断面则呈糯米浆状，纯洁细润。此胎质之细腻坚实前无古人、后无来者，难怪有言道："麻仓土自成化之后便绝迹了。"可见成化制瓷难以逾越的历史地位。也正是这叹为观止的技艺，才能让这件美轮美奂的高足碗流传百世，让我们可以在500年后的今天，仍能感慨于古代能工巧匠的智慧，和中国古代艺术的博大精深。

　　远观之后品味细处，此明成化青花凤鸣在竹人物高足碗周身施釉肥厚白腻。釉质独特，柔和通透，釉面以甜白釉为基色，微闪青色。通体施釉均匀，口沿、底足、接胎处釉色匀净，无明显积釉。抚之，隐隐如"蜡质状"，细如凝脂，润如美玉。釉面之下，青花发色蓝中略泛灰青，幽静淡雅，线条精细明晰，不晕不散，一股孕育了百年的沉静之感顿时沁人心脾。不同于永宣时期的苏麻离青，成化以后官窑及民窑开始大量使用国产青料"平等青"。苏麻离青属于低锰高铁类钴料，成色青翠明艳，在适当的温度之下，能呈现出如宝石蓝一般浓重华丽的色泽；然而在 Fe_3O_4 的作用下，却会沉积出"铁锈斑"。而"平等青"的出现，仿佛是成化对永宣大胆地"叛逆"，一改往日浓重华丽之风。"平等青"是国产青花料的一种，其含铁较少，较苏麻离青更为稳定，烧成后色泽淡雅、清丽明澈，无"铁锈斑"，看似波澜不惊，却为成化朝瓷器双勾线条的画法奠定了基础。清淡素雅的线条在肥厚的釉面之下，云遮雾绕，若即若离，竟如水墨画一般意境悠然，产生了极佳的艺术效果，形成了"明看成化，清看雍正"的第一个审美巅峰。同时，由于成化瓷将"平等青"使用得登峰造极，后世亦将"平等青"称作"成化平等青"。

再看画篇，明成化青花凤鸣在竹人物高足碗碗口沿内外及高足上下各描双线。口沿打箍外粗内细，灵动自然；高足打箍，粗细匀称，坚实稳重。整体画篇皆以线条勾勒，淡色涂染，画面明晰，与永宣晕染之感大相径庭。高足之上，叠石为山，山石秀丽，斜倚树木，树木苍劲，硕果累累。画师妙笔生花，一笔一绘水到渠成，虽皆为平涂，山石凹凸尽显刚劲，花果飘逸又有柔和。整体画篇如孩童学画，大道至简；又如泰斗泼墨，浓淡相宜。既有"庭中有奇树，绿叶华发滋"的盎然生机，又有"咬定青山不放松，立根原在破岩中"的豪气万丈。方寸之间，已让人赞叹连连！再看碗身，层层叠叠的云气纹首先映入眼帘。成化云气纹由明代早期的弹簧云演变而来，却比弹簧云更加细密悠长。成化的云纹不再是单独出现的装饰物，而常常萦绕于器身，做分割画篇之用。以云开框，少了几分刻板，多了些许浪漫，仿佛画中之人皆是仙人之姿，画篇百态尽为故事传说。明成化青花凤鸣在竹人物高足碗中，层层云气之下，一座凉亭跃然画中，飞檐翘角，形制规整。凉亭之中，两位头戴冠帽、身穿短袖长袍的雅士，在随侍小童的陪伴下，相对而坐在树木苍郁的庭院一隅士。高士神态洒落，小童毕恭毕敬，整个画篇栩栩如生。宣德后期的青花瓷器上人物图案有所出现，而至成化最盛。成化人物线条流畅，形象生动。高士人物只穿着一件衣衫，没有内衣衬托，也没有其他衣服遮盖，显得衣服轻薄，这就是成化人物中最为典型的"一件衣"。凉亭右侧画篇绘梧桐，枝繁叶茂，树干及叶片均以双线勾描，叶片更以颜色分向背，构思巧妙。左侧画竹林，虽寥寥几笔，却根根分明。竹常种植于屋后或庭院之中，象征高风亮节、节节高升。中国自古就有"宁可食无肉，不可居无竹"之说。竹枝之上，一只凤凰回首而立，神色高傲，羽翼丰满，通篇望去，正可谓"凤凰台上凤凰游，竹影扫阶长亭晚"。《千字文》有曰：

"鸣凤在竹,白驹食场。化被草木,赖及万方。"凤凰为献瑞珍禽,非竹实不食,非梧桐不栖,只在盛世出现。凤凰在竹林中欢快地鸣叫,是太平盛世的雨露阳光使草木万物和天下百姓都受到了有德之君的恩泽。可见,这件明成化青花凤鸣在竹人物高足碗所描绘的是赞扬社会安定、君主仁德的作品。思绪至此,那个500多年前褒贬不一的王朝不禁在脑海中徐徐展开。

成化是怎样的盛世之年呢?天顺八年,明英宗驾崩,朱见深即位。史载,明英宗给朱见深留下了一个"无甚稗政"的帝国。实际上,"土木堡之变"后,大明帝国元气大伤。再加上明英宗复辟后,对朝堂进行了大规模清洗,诛杀于谦等人,仁、宣二帝留下的"海内富庶,朝野清晏"的政治遗产,差不多都给败光了。不仅如此,此时的大明王朝"盗贼大起":两广蛮乱、荆襄流民起义、四川山都掌蛮乱、靖州苗乱、固原之叛等此起彼伏,从南到北殃及大半个帝国,甚至连两京地带都有盗贼出没。内忧之余更有外患,蒙古、女真、吐鲁番强敌环伺,形势严峻。然而明宪宗的坏运气还不仅如此,据记载,宪宗在位的23年中,大规模的水旱蝗雹就有52次,这还不算时时来袭的地震。事实上,宪宗虽然身在帝王之家,却没有拿到开挂的剧本。好在宪宗少时便多有磨难,甚至一度被废,经历过冷暖沧桑的宪宗皇帝更能体恤百姓。他宽厚善良、谦和大度,为于谦平反,始得人心。知人善用,兼听贤能,积极应对灾情,更减免赋税,减轻刑罚,予民休息,恢复经济,最终使得成化初显盛世之相。《明史》曾曰:"宪宗早正储位,中更多故,而践阼之后,上景帝尊号,恤于谦之冤,抑黎淳而召商辂,恢恢有人君之度矣。时际休明,朝多耆彦,帝能笃于任人,谨于天戒,蠲赋省刑,闾里日益充足,仁、宣之治于斯复见。"由此可见,成化帝虽然没有拿到二世祖的剧本,但终究能够凭借自己的坚韧努力,写出一部属于自己的励志故事。然而,或许他在位时间较短,实在无法媲美"仁、宣"的光环,又或许是"妇寺之祸"的花边新闻更容易博人眼球,成化帝虽励精图治,在明代的17朝16帝之中,也没有挣得太强的存在感,历史对他的评价也只是一般。然而,他能够礼贤下士、知人善任,至少在当时的文人雅士之间,亦能算得上是仁君明主，如此才有了这件明成化青花凤鸣在竹人物高足碗中的画篇。在那云气缭绕的山林之中，凤凰清啼，两位高士正高谈阔论。也许他们正情绪高昂，针砭时弊，指点江山，愿江河壮丽、兵士如虹，如太祖时金戈铁马，扫荡敌寇，还天下太平。又也许他们吟诗作对，放浪形骸，享茂林修竹、流觞曲水之乐，安度盛世之年。500年时光早已不在，在那一个历经沧桑却坚韧不拔的时代里，人们的生活喜乐早已难以考证，而这只高足碗，却如故如旧，承载着历史的故事，等待人们去探索、去发现。也许，这就是文物艺术品带来的无尽的魅力，它不仅是高超的技艺、是极致的审美，更是与历史的时空交错！

明成化青花凤鸣在竹人物高足碗不仅有极高的艺术价值，它的经济价值亦是不菲。虽然，作为国家定级文物之一，明成化青花凤鸣在竹人物高足碗并不能参与销售，只能以展出的形式与师友藏家见面，但市场上也偶有类似的藏品面世。2005年，苏富比春拍拍场，一只明成化婴戏图高足碗终以127.2万元人民币落槌；2008年，中贸圣佳又以246.4万元人民币的价格成交一只明成化青花松鼠葡萄纹高足碗；2009年，一只明成化青花夔龙纹高足碗在佳士得的拍场上以1142.24万元人民币成交；2016年，澳门中信的拍场上，一只明成化青花云鹤纹高足碗更是以2724.12万元人民币又创新高。这些高足碗虽不如明成化青花凤鸣在竹人物高足碗极致的运笔与用色，以及高雅独特的画篇，但它们的市场价格依旧不断翻涨。艺术品的价值虽不在于价格，但价格却是艺术品价值重要的衡量方式。10余年来，不断攀升的成交价格，充分说明了人们对成化青花瓷的认可和推崇，以及对历史文化的热爱。这是艺术品市场的福音，也是我们伟大祖国国力强盛、人民安居乐业的真实写照。

止笔于此，现在站在这只明成化青花凤鸣在竹人物高足碗前的你，又感受到了怎样的历史呢？

明万历青花八仙纹碗

—— 郁　琳

八仙神话故事始于唐代，发展于金元，兴盛于明清。明嘉靖时期，由于嘉靖帝对道教的痴迷，八仙纹饰开始大量出现在青花瓷器上，并一直延续发展，兴盛于明清两朝。扬州文物商店所藏的这对万历青花八仙纹碗，便是万历时期这类题材的一件官搭民烧的佳器。

16世纪中叶到17世纪初的嘉靖、万历年间，是个具有重大变革意义的历史年代，此时手工业生产发生了巨大变化，国内出现了具有资本主义性质的手工作坊和手工工场，社会生产力和商品生产进一步发展，对外贸易空前繁荣。嘉靖四十二年后，景德镇因其特殊的地理位置和得天独厚的资源条件，已成为名副其实的瓷都。明代王世懋《二酉委谭》称景德镇"天下窑器所聚"；明代宋应星《天工开物》中说："（瓷器）合并数郡，不敌江西饶郡产……若夫中华四裔，驰名猎取者，皆饶郡浮梁景德镇之产也。"瓷都之盛况由此可见一斑，而此时的景德镇不仅有规模巨大的官窑，还有众多蕴含着资本主义因素的民窑。

明代景德镇官窑，主要生产供朝廷及达官贵族享用的所谓"御器"，故生产时不计成本、精益求精。民窑则是商品生产，服务于国内市场需求，追求剩余价值。到万历年间，随着商品经济的发展，民窑作坊已具备相当规模，且其制瓷技术已不输官窑水平。在这种情况下，官窑在无力承担官府派造的御器任务时，便由督陶官筛选指定民窑去烧造，"官搭民烧"的制度由此盛行开来。"官搭民烧"的瓷器是奉命根据内府指定的官样烧制的，从内容到形式、从造形到纹饰，都不得改变，这在一定程度上也提升了民窑的生产技术水平，因而在大量的传世御器中，至今都难以区分哪些是官窑、哪些是民窑。

明万历青花八仙纹碗（1）

"官搭民烧"制度的成熟和完善，打破了以往官民对立、互相排斥的局面，在官窑和民窑之间架起了一座"合作的桥梁"，民窑借此契机奋起直追，一时间官民竞市、争奇斗艳。扬州文物商店收藏的这对万历青花八仙纹碗正是出自这段峥嵘岁月。

明万历青花八仙纹碗（2）

该青花八仙对碗撇口、鼓腹、圈足，为万历时期官府瓷器中常见的撇口鼓腹碗。该样式碗从明宣德年间出现、正德时期流行，是明代碗的典型样式。因其造形端庄稳重，既符合明代宫廷审美又兼具实用价值，也被称为"宫碗"或"正德碗"。扬州文物商店收藏的这对青花八仙纹碗形制周正、保存完好，对研究万历宫廷碗的样式极具参考意义。

对碗碗腹着青花料，以铁线描用笔勾勒图形轮廓，用小笔"分水法"渲染上色，以环绕式构图绘"八仙过海"纹样。每只碗碗腹各绘四个八仙人物，两只碗共同组合成一个完整画面。画面中，八仙人物周围辅以海水、云纹、山石装饰，连绵起伏的海水浪花呈江崖状，营造出立体的画面效果。浪花外星星点点的水珠跃然其间，再现了海水汹涌澎湃之姿。翻滚的海水之上，仙山于云中若隐若现。整幅画面动静结合、虚实相生。碗心绘云鹤纹，仙鹤在明代有"一鸟之下，万鸟之上"的地位，仅次于凤凰，云鹤纹寓意长寿、高洁、富贵。

碗底圈足略高，近乎垂直的平切法，修胎讲究，底足露胎处不见火石红。底款以六字两行楷书"大明万历年制"于双圈内，款字排列宽满疏朗，用笔工整古朴。

人们习惯于把青花绘画的"分水法"归于清康熙朝首创，实际上这种高超的分水技法在明万历晚期已普遍应用。观察这对万历青花八仙纹碗，其青花发色稳定、明丽清新，可明显看出青花料的色阶变化，且勾勒画面的轮廓线外无明显料水溢出现象。该对碗不仅印证了万历晚期青花分水工艺的成熟，还印证了先分水上色再勾勒轮廓的青花工艺流程的转变。

扬州文物商店收藏的这对明万历青花八仙纹碗，无论从造形、纹饰、呈色等方面看，都不失为万历朝晚期的一件官窑精品。它是明代"官搭民烧"那个特殊历史时期的见证者，更是青花工艺演变的参与者。

花间一壶酒——关于扬州文物商店旧藏
明万历青花孔雀牡丹龙纹花觚的赏析

——刘天行

觚，最早可溯源至新石器晚期，多为陶质、漆质的酒器。商周时期，随着青铜冶炼技术的成熟，兼具酒器和礼器双重功能的青铜觚开始出现。至宋一朝，金石之学盛行，摹古之风大作，瓷觚在仿商周青铜器的热潮下应运而生。后经元代发展、明代成熟，到清代，瓷觚发展达至巅峰。历经一千多年的演变，瓷觚不仅在造形和装饰上发生了巨大差异，更被赋予了不同时期饱含人文精神的美学意义和审美情感。

　　从宋代瓷觚造形的肇始期，到元代的过渡期，明代的瓷觚造形已经完全成熟，无论是瓷觚的釉色还是形制，与宋元相比都有了极大的创新。瓷觚作为明清时期的日常陈设器，其原本的酒器和礼器功能开始消失，成为上至皇室贵族、下至平民百姓家中的陈设用品。由于瓷觚造形美观、别致，与花卉搭配相得益彰，瓷觚便又衍生出了插花的用途，由此也被称为花觚。明代戏曲家高濂在他的《遵生八笺》中说道："觚、尊、觥，皆酒器也。三器俱可插花。觚尊口敞，插花散漫不佳，须打锡套管入内，收口作一小孔，以管束花枝，不令斜倒。"这种建立在审美需求上的实用功能，反过来也极大地促进了瓷觚在明清两朝的发展。扬州文物商店收藏的这件明万历青花孔雀牡丹龙纹花觚，体形硕大，形制规整，釉面厚润莹美，青花发色妍丽，是一件难得的万历朝官窑大器，对研究明清花觚的传承发展极具参考意义。

　　此件万历青花孔雀牡丹龙纹花觚，通高近1米，在那个纯手工业生产的时代，大器烧造费工耗时，生产过程中又极易开裂变形，加之经年使用的磕碰损毁，现存的官窑大器的数量与当时烧造的数量比已是"百不得一"。即便是在嘉靖、隆庆、万历（1522—1620年）这个大器烧制的高峰时期，大器官窑的品种和数量都居明代之首的情况下，扬州文物商店所藏的这件万历青花花觚依旧显得弥足珍贵。据资料显示，故宫藏瓷总量近36万件，明代大器不过460多件，大器制作之艰难、保存之不易，由此可见一斑。

　　该青花花觚通体以青花为饰，自口沿至底足共分十四条纹饰带，其中口沿饰蕉叶纹一周，内双方框一行青花楷书"大明万历年制"。颈部圆箍状凸起处

青花孔雀牡丹龙纹花觚

绘缠枝灵芝，上下绘双龙赶珠纹样，龙体矫健，毛发前冲，为万历时期龙的典型形象，行龙周围辅以流云朵朵。腹部主体上下分别以如意云头及莲瓣为边饰，内部几只孔雀嬉戏于花石间，或立于石上，或穿梭于牡丹花中。孔雀身体修长，姿态优雅，呈两两互望之态。胫部以回纹分为上下两部分，上部描绘折枝牡丹一组，下部则绘海水、折枝灵芝，近足处点缀朵花。整器造形圆润典雅，纹饰流畅写意，布局繁缛紧密，极尽万历官窑大器的浑厚拙朴又不失端庄灵秀的恢宏之姿。

万历一朝长达 48 年之久，其间生产的青花瓷器数量巨大。学界通常将青花呈色作为这一时期官窑瓷器分期的重要依据。这件青花花觚在青花呈色上有着明显的蓝中泛灰特征，猜测应是万历中期常用的回青料与石青料混合所致，且勾勒画面的轮廓线外有些许料水溢出现象，更加印证了其出自万历中期的猜想。

觚从最早的酒器发展成为后来的礼器，再由礼器转变成陈设器，其演变与发展的过程同时也反映了社会生产力的发展与时代审美的变迁。晚明时期瓶花盛行，瓶花既是宫廷必备陈设，也是民间雅事之一，"凡插贮花，先须择瓶"。文人推崇花瓶以古铜器为上，从古青铜演变而来的瓷觚必然成为被追捧的对象，加之明代插花所用之瓶追求"堂供须高瓶大枝，方快人意"，这件万历青花孔雀牡丹龙纹花觚便是凝聚着当时社会审美和需求的经典之作。它以典雅壮美的身姿展示着泱泱中华恢宏的气质，它以富丽雄伟的画面再现了古代陶匠的心血与智慧，所有的这些特点在其硕大的体形下越发明显，清晰地映照出万历朝那段特殊的岁月，诉说着景德镇曾经的历史辉煌。

崇祯青花人物笔筒

———

蔡　楷

文房用具主要为读书写字之用，注重的是其实用性，置于书斋案头，随时可以取用。但是，文房用具又不同于一般器物，除了实用性以外，文人雅士为了追求优雅精致的生活，在其艺术观赏性和装饰性方面提出了更高的要求；也因此，文房器具逐渐成为当时文人追求悠闲雅致生活的一种象征。作为文房清玩之一的笔筒，明清为突破传统材质的局限，以瓷为胎，并且纹饰题材刻意迎合社会风尚的需求。其中以人物类的题材最具特色，体现出高超的制瓷水平与鲜明的文人意趣。明清笔筒为中国古典文房艺术品中极为重要的门类，瓷制笔筒始于明代嘉靖、万历年间，但传世品中极难一见。崇祯笔筒，体形款式尤为特殊者更加稀少。

该笔筒造形修长，直筒形制，略有束腰。胎骨厚实坚致，平砂底洁白细润，口沿及近足处暗刻忍冬纹和编织纹一周，线条浅而纤细，需要调整好光线角度才能看清，俗称"暗花边"。对此，晚清寂园叟于《匋雅》卷上评曰："明瓷青花人物，以笔筒花觚为甚诙诡"；"明瓷青花笔筒，往往沿口凹雕一围，填以影青。画笔工致无款识，瓶、觚亦然。"

笔筒釉面白中泛青，滋润明亮。外壁通体采用崇祯传统的单线平涂及淡描法以青花绘张骞乘槎图。仙木为槎，粗干挖舟，细干立起，枝干道劲。仙槎头尾上翘，呈枯木之姿、新月之形，浮沉于波涛之中，迎风远航，仿若可直上九天。画中人物屈膝靠坐于木槎上，神情自若，宽袍大袖，衣褶随风，仙气飘然。笔意行云流水，飘逸潇洒。整体构图疏朗清新，极具明代崇祯时期的风格，为崇祯青花上品，是一件难得的文房佳器。置于案头，有"忽闻海上有仙山，山在虚无缥缈间"的意境。

明末清初之际，戏曲、小说流行，版画艺术也发展迅速，因其线条婉转流畅，刻画人物生动鲜活，广受社会欢迎；同时对瓷器纹饰也产生了重要影响，多以人物故事为主，如张骞乘槎、文王访贤、钟馗捉鬼等。这件笔筒的绘画从题材和画法看明显受版画艺术的影响，仙槎源于神话传说，"浮槎月夜到天河，曾见天姬织锦梭"。晋人张华在他的志怪小说《博物志》卷十中记载了一段怪

青花人物笔筒

异传说：天上银河与地上大海相通，海岛中一人突发奇想，乘槎探访银河，及至繁华之所，遇一牵牛人。归来方知自己已至天河。因此，后来就有了以"仙人乘槎"喻"一帆风顺""平步青云"的吉祥寓意。后世又将故事人物附会为张骞奉汉武帝旨乘槎寻黄河之源，至天河遇见牛郎、织女，并带回支机石。"仙人乘槎"成了明清时期常见的艺术创作题材，被纳入吉祥图案体系，又与八仙过海等题材一起被赋予祝寿之意，甚得人们喜爱。

崇祯时期这类受版画影响的青花瓷器不仅画工精美，青花的发色也极鲜艳，与明代民窑传统青料的灰青色调形成鲜明对照。这种优质国产青料的出现，应归功于青料加工提纯工艺的改进。据《江西大志·陶书》记载，传统的青料提纯工艺是采用水选法，即将青料捣碎后反复在水中淘洗，这种方法适用于纯度较高的青料，而杂质较多的青料则不易提纯。到了崇祯时期，景德镇窑工在长期的实践中发明了"火煅法"提纯新工艺。据成书于崇祯十年的《天工开物》记载："凡画碗青料，总一味无名异。此物不生深土，浮生地面，深者掘下三尺即止，各省直皆有之。亦辨认上料、中料、下料。用时先将炭火丛红煅过。上者出火成翠毛色，中者微青，下者近土褐。……凡饶镇所用，以衢、信两郡山中者为上料，名曰浙料。上高诸邑者为中，丰城诸处者为下也。"由此可见，这件崇祯青花人物笔筒使用的应是用火煅法提纯的浙料，呈色稳定，青花发色青翠明快，分水技法娴熟，浓淡深浅运用自如。正是由于青料提纯工艺的改进和版画艺术的影响，加上制瓷原料二元配方的成熟，才使得此时期的青花瓷器在工艺和艺术方面取得了前所未有的突破性进展，既有明代的古拙传统，又具有清代的细致缜密。

青花缠枝莲菊瓣纹鸡心碗

·明 永乐·高 10.2 厘米，口径 20.6 厘米·

青花一束莲纹盘

·明 宣德·直径 34.5 厘米，底径 24 厘米，高 6 厘米·

青花缠枝莲盘

· 明 · 永乐 · 直径 27.7 厘米 ·

青花折枝花卉菱口花盆

·明·永乐·口部27.2厘米×24.3厘米·高14厘米··底部19厘米×15.7厘米·

青花缠枝莲纹大盘

· 明 · 永乐 · 直径 39 厘米 ·

青花缠枝莲纹水盂

· 明

宣德 · 肚宽 10 厘米, 高 7.5 厘米 ·

青花人物梅瓶

·明 正统·

青花凤鸣在竹人物高足碗

·明 成化·直径17.5厘米·高10厘米·

116

斗彩满池娇盘

·明 · 成化 · 直径 17 厘米 ·

青花狮球纹盘

·明·成化·直径18.2厘米·

娇黄釉盘

·明 正德·直径15厘米·

淡描青花八仙云鹤纹碗一对

·明 万历·

白釉盘

·明 弘治·直径 20.8 厘米·

黄釉罐

·明　嘉靖·高 12.7 厘米，直径 15.2 厘米·

132

青花穿花龙纹花口洗

· 明　万历 · 直径 35.2 厘米 :: 高 9 厘米 ·

青花花鸟莲子罐

·明 崇祯·

·明 崇祯·高45厘米·

·清代·

御窑瓷器

浅析雍正时期瓷器的创新发展和艺术风格

—— 帖子琪

在明清宫廷遗留下来的所有文物中，瓷器是最受到追捧的艺术品之一，且陶瓷文化一直以来都是我们中国人的骄傲，从各个时期的陶瓷器上我们也能感受到文化艺术的发展和历史的变迁。

雍正朝虽然历时仅短短13年，却是历史上难得的盛世之一。在雍正时期的文艺发展中，瓷器生产达到了历史最高水平。其品种繁多，制作精良，无与伦比，不论造形、装饰，还是绘画、釉色，都体现了技术与艺术的高度结合；其艺术水平是其他朝代无法企及的，充分表达了雍正皇帝对于汉文化的认同和推崇，同时，也表明他自身具备较高的文化修养与高雅的格调。时至今日，雍正朝瓷器在陶瓷收藏界仍然炙手可热。它在中国瓷器生产的高峰期起了承上启下的关键作用，书写了中国陶瓷史上非常辉煌的一页。

无论是品种的创新发展还是制作水平，每个朝代均有其最具代表性的瓷器种类及风格。中国瓷器发展到康雍时期已经非常成熟，由于雍正皇帝个人的兴趣爱好，也逐渐确定了该时期瓷器的艺术风格。雍正瓷器最突出的就是粉彩、珐琅彩、仿古瓷和单色釉。纹饰方面，不仅盛行传统的缠枝花卉、龙凤、云鹤纹等，还盛行以过枝技法绘桃果、云龙、花卉，纹饰的线条细腻柔和。雍正瓷器的造形除继承了前朝的部分传统造形外，还广泛借鉴了其他工艺品器形的优点，正如唐英的《陶人心语》中所说："厚古不薄今。"雍正朝器形的种类非常多，除了日常用具，主要还有两类：一类是完全仿明宣德、成化的造形，比如仿宣德的鸡心碗、一束莲大盘、莲子碗、双耳葫芦口扁壶、抱月碗、缠枝莲碗等；仿成化的有十六子小罐、天字罐等。这些仿古造形充分体现了雍正瓷器工艺之高超，重塑了经典。另一类是雍正朝新创或者具有时代特征的，如贯耳斜肩大瓶、牛头尊、八方扁瓶、如意耳瓶、贯耳六耳六方瓶、变形高足碗、变形笠式碗等。这些造形可谓是推陈出新，开一代之先河。这和雍正帝自身的艺术修养有很大关系，雍正在1709年被康熙封为和硕雍亲王，赐居圆明园。为此，他自号圆明园主，每天吟诗作赋，修习佛法，鉴赏古玩。当了皇帝之后，他的高超审美得到了更大程度的发挥。登基不到半月，他下的第一道圣旨就是整顿养心殿造办处，要求工匠们精心为皇家打造各种器物，并且亲自行文颁布工艺流程，要求他们"往细处收拾"。雍正官窑瓷器在继承前人的基础上大胆创新，特别是在颜色釉上精益求精、仿古创新，增添了许多色彩明亮的新釉色，代表了清代官窑的最高水平，达到了"前无古人，后无来者"的艺术境界，至今难被超越。

一、单色釉

单色釉是一种自身釉色之外不假其他任何色彩装饰的瓷器。古往今来，单色釉属于一种高阶的审美，更是跨越年代的极简美学。作为最早出现的釉色品种，在相当长的历史时期内占据着瓷器生产的主流地位。雍正时期不但恢复了前朝烧造的釉色，更积极推陈出新，又创制出一大批新颖独特的品种，其工艺技术水平和创意比诸宋代五大名窑，也是有过之而无不及的。

胭脂红，亦称为胭脂水，据说是雍正帝的最爱。在清早期由欧洲传入中国，清宫档案皆称其为"西洋红"。由于这种釉色颜如女子化妆用的胭脂之色，故名"胭脂红"。它是单色釉中最为特殊的一种，以金为着色剂。在当时科技含量高，且造价非常昂贵，故在康熙末年都没有被御窑厂普及。到了雍正的中期，由于御窑厂的发展革新，这一釉色才得以运用自如，并一直成为后世典范。雍正胭脂红，虽隔着几百年的时光，依然能感受到如三月桃花的明艳、欲说还休的娇媚，灯光下，如晴朗天空的晚霞泛着金光。

右图绿釉暗刻八吉祥盘，是雍正时期所创烧的，釉色青翠欲滴，仿佛带有生命的力量与神秘。瓜皮绿在乾隆时期颇为流行，后世也都有烧造。

单色釉瓷器，虽然没有华丽的纹饰和造形，却在简约中让人领略到朴实无华的美。

二、仿古器

1. 器形

雍正朝的仿古瓷非常成功，当时对于历代名窑，只要器形好的都会加以仿制，

胭脂红釉盘（此件藏品来自十竹斋2023年春季拍卖会）

绿釉暗刻八吉祥盘

青花釉里红缠枝莲纹如意耳瓶

尤其注重仿宋各名窑及明宣德、成化器型。却不单纯停留在表面仿古上，善于把原有的器物在器形上稍微改造一些，适度地增或减而形成一种新的器形。雍正皇帝在位期间，曾多次下旨对宜兴窑、明嘉靖等许多窑生产的器物的制式加以改造，改造后的景德镇仿古器较之古窑又有了新的提高。比如常见的葫芦瓶比以前的器形有了不少新的变化。雍正还喜欢在某些器物上添加双耳，两耳的添加使器形更加圆满匀称。双耳的形状一般有双螭龙、绶带、云状等多种形式。

雍正瓷器的器形能博采众长，吸收了古往今来众多艺术品的精华，丰富了自己的器形，同时又创造出属于自己的独特风格。除了仿青铜、金银器等传统仿古器形，还涌现出大量的新颖器形，比如灯笼瓶、如意耳尊、四联瓶、高足枇杷尊等。其中如意耳瓶，其形体线条优美、端庄稳重，品种有青花、粉彩、斗彩、粉青、仿汝釉、秋葵绿釉等，深受雍正皇帝的喜爱。这些创新的器形，给雍正朝瓷器的发展带来了新的生机和活力。器形经常取材于自然界的花果形态，比如海棠花、菊花花瓣、莲蓬等。菊瓣形是较常见的一种，器物大小不一，大的高尺余，但更多的还是形体较小的盘、碗。

瓷器的造形既关注线条之美，同时还非常注重实用性。一些雍正粉彩大盘的盘制浅，宜于陈列，既可以摆设做陈设瓷，又可以作为日常使用的器具。雍正瓷器的器形沉稳俊秀、线条流畅、比例协调，几乎没有飘浮不稳的感觉。这是因为器物的中心一般在整体的下半部，这样的制作特点，从整体上不仅能给人以享受，还让人感受到它的端庄稳重。雍正瓷器还有一个特点是非常注意细节的处理，器物的口部处理得很有条理，变形很少；颜色釉器物的口沿一般都会有一条清晰整齐的白边，俗称"灯草口"或"灯草边"。琢器的修坯精细，几乎看不出接痕，甚至不起眼的底足处理也十分讲究，特别是官窑器的圈足部位，抚摸感觉细腻柔润，呈滚圆的"泥鳅背"。这些细节处理得严格得当，让人欣赏器物的时候，感觉完美利落。

2. 釉色

唐英在《陶成纪事碑记》一书中总结了雍正官窑的主要工艺，雍正朝仿古

149

创新的瓷器工艺釉列出了 57 条之多。在明代成化年间（1465—1487），景德镇仿钧红釉已经有比较精细的制作，但并没有持续很长时间。雍正的仿钧虽然能仿得十分像宋钧瓷，但它还是具有十分明显的时代特征，比如：首先，一般说雍正仿钧红釉色泽比较淡而且釉层很薄，有的瓷器在凸出的棱部能明显地看到白色胎骨。其次，大多数器物的底部涂有黑色的釉汁，但胎土却是白色的。总体而言，雍正朝的仿钧红以及天蓝、月白色釉，釉面的滑润度要比宋钧略胜一筹。第三，窑变釉，这是雍正朝的一种创新釉色，是从仿钧釉中演变而来。它的主色是红色，天蓝、月白、绿、褐等杂色相互流淌交融，其中颜色较红的称为"火焰红"，颜色偏蓝的称为"火焰青"。除了仿古的器形外，较大型的瓶、缸、罐、盆之类的器物比较常见，器物口沿部位往往有偏黄的芝麻酱色，这是官窑器物的明显特点；大型器物的底部往往会涂上一层姜黄釉汁，呈现斑块样，并且有"雍正年制"四字篆书刻款。

仿钧釉菱花式花盆托，该盆托边沿展开，整体呈六瓣菱花的样式，盆口有一圈鼓钉纹，盆托的下面有三个云头形足。它的里面和外面都施满了仿钧釉，底部刻阳文篆书"大清雍正年制"三行六字款。

仿古器物跟当时统治者的个人审美情趣有极大的关系，雍正本人非常推崇宋代的审美。但是，雍正朝仿的宋代名窑器物，跟宋代还是有很大不同的。雍正朝所追求的是意象而不是具象，追求的是汝、钧、官、哥的意韵，而不是在外形上要模仿得毫厘不差。这种模仿有美化的倾向，所以雍正朝模仿的四大名窑，比宋代的器物更漂亮一些。这时候，我们就看出统治者的追求了，皇帝没有任何造假的心态，也没有牟利的心态，作为一个国家最高的统治者，他的审美情趣、审美心态，都是处于一个最高的水准。他仿造四大名窑，就是单纯的喜欢。另外，以国家之力和技术，在艺术品的制作和工艺上达到了古人所未有的高度，在仿制的基础上有所创新，这也是盛世国力的一种表现方式。

仿钧釉菱花式花盆托（此件藏品来自十竹斋 2022 年秋季拍卖会）

粉彩过枝桃蝠纹盘
（故宫博物院藏）

三、粉彩

粉彩是在康熙后期出现的，因为是在创造初期，技术不够成熟，所以康熙粉彩在制作上相对粗糙，数量不多，质量也不高。它的表达方式仅仅是在红色的花朵中运用胭脂红，其他的色彩仍旧是沿用制作五彩的方法。粉彩还是在雍正时期得到空前发展的，不论是在造形、釉色还是彩绘等方面，都达到了历史最高水平。通过文献记载，我们可以发现粉彩实际上出自对珐琅彩的模仿而衍生的一个品种。因为珐琅彩在制作之初，材料都是从外国引进，其成本极高。因为材料的珍贵，为避免浪费，对工匠的要求也异常严格，所以得不到普及。景德镇的能工巧匠利用粉彩的特性，去追求珐琅彩的效果，因为成本低，便于操作，粉彩在民间很快普及起来。在雍正瓷器中，粉彩是最著名的品种之一，它所要求的彩料比起康熙朝来说要精细得多，色彩也比较柔和，皴染的层次也很多。《匋雅》中记载："康熙彩硬，雍正彩软。软彩者，粉彩也。彩之有粉者，红为淡红，绿为淡绿，故曰软也。"雍正粉彩器物大多数在白地上绘画，有少量绘在有色地上。

粉彩在雍正时期得到大力发展的根本原因是国力强盛，人们的生活富裕，心态趋于平缓、温和，艺术家捕捉到这种温和的特点，就在艺术品种中显现出这种温和，这就使得硬彩向软彩转化成为必然。粉彩柔和的色彩表现非常符合大众的审美心理。在色彩的层次上，粉彩抓住了自然界色彩变幻的根本，强调色彩过渡这一基本特征。粉彩在所有的彩瓷中，表现力最高。唐代诗人刘禹锡在《思黯南墅赏牡丹》中这样形容牡丹："有此倾城好颜色，天教晚发赛诸花。"用来形容粉彩真是再恰当不过了。粉彩在雍正朝发展成熟，涌现出大批佳作，这和雍正皇帝个人的喜好也是分不开的，雍正皇帝非常喜欢粉彩。另外，从粉彩的佳作中，我们也可以看到雍正皇帝的审美取向是高雅精致的。《匋雅》有云："粉彩以雍正朝最美，前无古人，后无来者，鲜艳夺目。"形容得甚是贴切。

四、斗彩

斗彩又称逗彩，寂园叟在《匋雅》中这样记载："何以谓之豆彩，豆者，豆青也……杂以他色曰豆彩。"斗彩在明成化时期创烧，它是釉上彩和釉下彩相结合的一种装饰品种，也可理解为釉上釉下争奇斗艳，谓之斗彩。雍正时期斗彩大多是仿明成化时期斗彩的制作工艺，但雍正斗彩在纹饰的布局、色彩的搭配以及填彩工艺等方面都有很大的进步。雍正时期粉彩的盛行，突破了以往单纯的釉下青花或者釉上粉彩的传统工艺，而是将釉下青花与釉上粉彩巧妙结合，使斗彩呈现出清新雅致的特点。雍正斗彩以花鸟人物为装饰题材，釉下青花勾勒线条，釉上填充各种色彩，填彩要精确、不漫不溢，还要追求色彩的多样化，比如在一朵花内填充紫红黄绿青等各种色彩，这些反映了雍正斗彩相当成熟的制作工艺。雍正的斗彩是整个清朝的最高峰。由于雍正朝特有的将粉彩引入画面，并采用渲染与平涂相结合的技法布彩，所以画面产生的效果既不像康熙以及明代斗彩的鲜艳亮丽，也不像单一使用粉彩的柔和，而是有自己独具的特征，柔润而不失亮丽。

斗彩在所有的瓷器品种中，最为显著的特征是柔和淡雅。斗彩的制作工艺复杂，生产数量少；通观彩瓷的存世数量，它仅比珐琅彩多。斗彩的魅力，在当朝显现的程度不如后代。斗彩虽然以明代成化的制品最精，然而当时只有平涂着色的画法，以致不能表现浓淡凹凸、阴阳反侧的艺术效果。在雍正时期，由于粉彩的成功，更加丰富了斗彩瓷器的技法。同时，在造形、图案方面也有所增加，所仿成化斗彩如天字罐、鸡缸杯之类往往足以以假乱真，至今传世的器物历历可数，不亚于粉彩的成就。斗彩瓷有"明看成化、清看雍正"之说。雍正斗彩冠绝清代，因为当时粉彩技法长于渲染，而且已经有使用金着色的胭脂红代替铁质矾红彩，所以具备了有利的工艺条件。以后各朝的斗彩瓷器虽然没有断造，但均不如雍正的制品精细。雍正的斗彩制品不论造形、花纹均别具一格，堪称创新之作。

此件斗彩贯套"寿"字纹盘即是雍正创烧的御窑品种，是清宫祝寿用器物，

斗彩灵仙祝寿纹碗（此件藏品来自十竹斋 2023 年春季拍卖会）

斗彩忍冬纹寿字纹盘一对

青花缠枝莲纹盘

寓意福寿绵长、万寿无疆。此纹饰为创新之作，前所未有。后朝形成官窑定式，一直烧造至清晚期。

雍正青花瓷的造形趋向于俊秀轻巧。它早期的青花瓷风格类似康熙晚期的风格。在中期之后，出现了模仿永宣韵味的青花瓷，在釉色、造形、色泽还有绘画等方面追求与原作相似，非常具有时代特征。如图青花缠枝莲纹盘，其画法即有意模仿永宣青花中的苏麻离青青料的晕染结晶效果。

雍正釉里红和青花釉里红在雍正釉下彩中烧制得特别成功。康熙朝恢复了釉里红的烧制，至雍正朝达到了高峰。釉里红的呈色剂是铜，在还原气氛中烧成。简单地说，它是闷着火烧成的，温度稍微高一点或者稍微低一点，就立刻失败。温度如果低了，颜色就变成非常不好看的黑色；温度如果高了，颜色就会烧没了，所以温度控制非常重要。今天我们有温度计，看炉外的温度计就可以知道炉膛内的温度。但是，古时候没有温度计，所有窑工都是凭肉眼和经验来判断火的温度，难度非常大。釉里红始于元代，但因为烧制失败次数过多，使其不能得到长远发展。历史上只有元代、永宣时期、康乾盛世三个时期充分烧造过，其他时期非常少见。釉里红到宣德之后，突然销声匿迹，到康熙时期，它又重出江湖，时隔仅200年。从中我们可以看出，康熙时期，国力在不断地增强，有能力重烧釉里红了。所以，到雍正朝釉里红的成功烧制更能充分体现出雍正时期的强盛国力。

雍正朝是中国封建社会高峰期，该时期进入了一个社会经济稳步发展的时期，西方文化在宫廷中有所表现，文化政策相对比较宽松。雍正皇帝45岁登基，他的即位是一个非常曲折的过程，即位后，压力非常大。他一上台，就大刀阔斧地整顿吏治。他不狩猎、不出游，历史记载康熙、乾隆下江南，而雍正皇帝没有离开过北京。他在位期间保持国家稳定，巩固国家版图，强国强军，争取边疆和平。设立驻藏大臣，加强中央政府对西藏的行政管辖，镇压青海罗卜藏丹津和准噶尔噶尔丹叛乱。在如此大的政治压力下，在国家这副重担下，雍正皇帝内心的压力之大可想而知，他通过艺术品把很多内心的压力释放了。此外，

153

雍正皇帝在继位之后，为了彰显新的君主力量、巩固皇权，在国家政治上，以及内务的事务方面，都充分强调自己的权威性。另外，他自身具有很高的文化修养，对文化艺术的传承与创新非常重视，同时在皇家用器的设计与制造样式的创新与精致度上也加大了管理力度。艺术创作方面，雍正致力于追求简单、高雅、精细，当朝的艺术品的艺术风格深深体现了雍正皇帝个人较高的艺术审美品位。雍正朝在短暂的时间中却给后世留下了大量精美绝伦的艺术品。这些艺术品技艺精湛、格调高雅，呈现出十分鲜明的时代特色。据史书记载，作为皇子，雍正从小就接受了优质教育，他的文化修养和艺术审美得到了康熙皇帝的赞誉。雍正还是皇子的时候很有心机，具有坚强的忍耐力。他用心读书，认真钻研，不参与任何的政治权力纷争，正是因为他这种恬静淡然、真诚孝顺的姿态，颇受康熙皇帝的赏识。另外，他在前 20 多年的修学中，积累了深厚的文化底蕴及艺术修养。他饱读诗书，静心于圆明园体悟佛、道之心境，逐渐形成了内敛、深沉的思想修养。雍正从政时期勤勉，尽管在位时间短暂，但他在清王朝的政治、经济与文化方面，都起到了承前启后的作用。有历史研究者曾这样评价雍正皇帝说："康熙宽大、乾隆疏阔，若无雍正整饬，清朝恐早衰亡。"由此可见雍正在历史上的重要性。虽然历史上人们对雍正的评价有褒有贬，但是通过对雍正本人的艺术文化修养以及对雍正朝的艺术品的研究，我们不可否认雍正朝艺术品的艺术风格深受雍正皇帝审美情趣的影响。

雍正的审美情趣为清代工艺美术史乃至中国工艺美术史增添了光彩夺目的一页。如果说宋徽宗将文人意趣引入了宫廷绘画，那么可以毫不逊色地说雍正将文人的意趣融进了瓷器中。雍正朝瓷器所具备的"雅"，是其他任何时期的瓷器都不具备的。虽然有许多品种并不是在雍正朝首创，但在雍正朝达到了质的飞跃，为后朝的进一步发展起到了承上启下的作用。

瓷器的发展史，也是一个时代文化和艺术的发展史。雍正瓷器以"精致典雅"被世人欣赏和赞叹，"雍正风格"更是作为一种特殊的艺术风格为工艺美术史画上了浓墨重彩的一笔。雍正瓷器的发展创新可称之为清代的一个高峰。

参考文献：

[1] 中国硅酸盐学会：《中国陶瓷史》，文物出版社，1982 年。

[2] 冯先铭：《中国陶瓷》，上海古籍出版社，1994 年。

[3] 陈雨前、郑乃章、李兴华：《景德镇陶瓷文化概论》，江西高校出版社，2004 年。

[4] 李泽厚、刘纲纪：《中国美学史》，安徽文艺出版社，1999 年。

[5] 耿宝昌：《明清瓷器鉴定》，紫禁城出版社，1993 年。

[6] 彭卿云：《中国文物精华大辞典·陶瓷卷》，上海辞书出版社，1998 年。

[7] 冯先铭：《清盛世瓷选粹》，紫禁城出版社，1994 年。

参考文献：

[1] 中国硅酸盐学会：《中国陶瓷史》，文物出版社，1982 年。

[2] 冯先铭：《中国陶瓷》，上海古籍出版社，1994 年。

[3] 陈雨前、郑乃章、李兴华：《景德镇陶瓷文化概论》，江西高校出版社，2004 年。

「秀丽华贵」的黄釉青花缠枝莲纹
带盖梅瓶之前世今生

——

汪　亮

在历史的长河中，珍贵的文物不仅见证了历史的变迁，更承载了无数故事和情感。它们不仅在外观上引人入胜，更蕴含着深厚的文化底蕴。

今天，让我们一同欣赏一件惊艳的雍正黄釉青花缠枝莲纹带盖梅瓶。这件梅瓶，作为传统的陶瓷艺术品，不仅是一件装饰品，更是一件表达情感和文化内涵的艺术品。它承载着中国传统文化中对于美好寓意的追求。梅花在中国文化中被赋予了高尚、纯洁的象征意义，象征着坚贞不屈和君子品质。

青花瓷作为中国古代陶瓷艺术中的瑰宝，一直以来受到世人的青睐。其风格独特、工艺精湛、历史悠久，具有较高的收藏和研究价值。而黄釉青花瓷器不仅在外观上引人入胜，其背后还蕴含着深厚的文化底蕴。

当我们谈到青花瓷的发展史时，不能不提及其初期的烧制过程。选取合适的瓷土进行成型，然后将成型的瓷器放入烧窑中进行初次烧制，使其变得坚硬。接下来，需要进行涂釉和绘画。涂釉是为了增加瓷器的光滑度和透明度，绘画则是为了赋予瓷器以美丽的图案和色彩。最后，瓷器还需要进行第二次烧制，以呈现出一种清新雅致的美感。

青花瓷从元代开始逐渐走入普通百姓的生活，随后生产技术也得到了一定的提升。到了明、清两代，青花瓷发展到了鼎盛时期，各种图案丰富多样，特点在于图案更加细腻、色彩更加饱满。

我们从黄釉青花缠枝莲纹带盖梅瓶出发，来探讨黄釉青花瓷在中国陶瓷艺术发展历程中的地位和影响。在收藏风盛行的当下，大多数人认为宋代是青花瓷的萌芽期，而黄釉青花瓷器的出现更是将青花瓷的艺术价值推向了新的高度。

总的来说，黄釉青花缠枝莲纹带盖梅瓶作为一件集精美于一身的艺术品，不仅是一件装饰品，更是一件承载着深厚文化内涵的艺术品。它的出现无疑为中国陶瓷艺术的发展增添了新的篇章。

鼎盛时期的明、清两代是中国瓷器工艺极其成熟的时期。其登峰造极的制作工艺不仅体现在作品种类繁多、图案丰富多样、色彩鲜艳、形制丰富等方面，造形之美更是让世人惊叹不已。

随着海上丝绸之路的开通，青花瓷的出口逐渐增多，这不仅加强了中国与世界的交流，也标志着世界对中国瓷认知的开始。

青花瓷不仅是中国古代文化的重要组成部分，更是中外文化交流的重要媒介。它的历史可以追溯到明代，并在明代逐渐兴起而走向世界各地。

清代，青花瓷的制作技艺达到了巅峰，其中黄釉青花瓷更是中国陶瓷中的瑰宝。这种瓷器的制作工艺要求极高，它结合了黄釉和青花两种不同的陶瓷装饰技法，展现出了独特的美学魅力。这条海上丝绸之路为中外文化交流提供了重要的通道。

黄釉瓷器作为皇权的象征，一直受到严格的管理。民间无法使用，其使用的等级制度也极为严格。根据《通典》注文，黄色被视为中和美色，代表着天德和淳美，因此被视为尊色。黄色是帝王所崇尚的颜色，象征着权力和尊贵。明清时期，对黄釉瓷的管理更为严格。

明清瓷器众多品类中，黄釉瓷是皇家尊严的一种体现。它被宫廷垄断，严禁民间使用。据《明英宗实录》记载，正统十一年曾下令禁止私造黄、紫、红、绿、青、蓝、白底绿等瓷器，其中列在首位的就是黄釉瓷。这一法典既明确又严厉。自明初以来，色地釉瓷就被皇家以法典的形式确定为御用瓷，尤其是黄釉瓷更成为朝廷例制。

为节省开支，清乾隆七年曾有旨令，御窑厂烧造的脚货不必送京，在本处变价处理。然而唐英认为不妥，于乾隆八年上奏《请定次色瓷器变价之别，以杜民窑冒滥折》。他认为国家应该区分等级和威严，规定各种服章都有定制，至于黄器及五爪龙等特殊器件更是无可假借的器件；因此，不宜以次色定价，导致本地窑户伪造僭越并扰乱定制。然而乾隆皇帝的谕旨则表示："黄器如所请行。五爪龙者，外边常有。"这表明皇帝对黄釉器的重视程度超过了五爪龙纹。

到了乾隆二十一年，《清宫档案》中的《唐英奏折》记载了当时的情况。此时黄釉瓷的管理更加严格。唐英将次色黄器11079件及次色祭器164件开造清册呈交广储司按册查收。这说明到了乾隆中期，清政府对黄釉瓷的管理已经达到了前所未有的严格程度。

民间没有黄釉瓷的原因除了上述的严格规定外，还有一个重要原因就是明清黄釉瓷的釉料配方和烧造工艺属皇家御窑厂秘方被严密控制。这些工艺和配方是无法被民间掌握的。

清代官窑黄釉瓷的用途非常广泛，包括用于宫廷祭祀的礼器，皇帝、后妃及其他人等日常生活的膳食用具，宗教用品，以及宫廷陈设用具。清代，黄釉龙纹里外者专属于皇帝。皇帝、皇太后、皇后使用里外黄釉器，皇贵妃则用外黄内白器，贵妃妃用黄地绿龙器，嫔用蓝地黄龙器，贵人用绿地紫龙器，常在用五彩红龙器。至于数量，等级越高数量配额越多，皇太后、皇后各拥有超过1000件黄釉瓷，皇贵妃占有约百件，而常在则仅有约30件。至于皇子、福晋，他们则用各色瓷器，无等级限制。

《国朝宫史》(卷一七"经费"条)中有如下记载：皇太后拥有黄瓷盘250个，各色瓷盘100个；黄瓷碟45个，各色瓷碟50个；黄瓷碗100个，各色瓷碗50个。皇后则拥有黄瓷盘220个，各色瓷盘80个；黄瓷碟40个，各色瓷碟50个；黄瓷碗100个，各色瓷碗50个。皇贵妃则有白里黄瓷盘4个，各色瓷盘40个；白里黄瓷碟4个，各色瓷碟15个；白里黄瓷碗4个，各色瓷碗50个。贵妃有黄地绿龙瓷盘4个，各色瓷盘30个；黄地绿龙瓷碟4个，各色瓷碟10个；黄地绿龙瓷碗4个，各色瓷碗40个。嫔有蓝地黄龙瓷盘2个，各色瓷盘18个；蓝地黄龙瓷碟4个，各色瓷碟6个；蓝地黄龙瓷碗4个，各色瓷碗20个。贵人有绿地紫龙瓷盘2个，各色瓷盘10个；绿地紫龙瓷碟2个，各色瓷碟4个；绿地紫龙瓷碗4个，各色瓷碗18个。常在有五彩红龙瓷盘2个，各色瓷盘8个；五彩红龙瓷碟2个，各色瓷碟4个；五彩红龙瓷碗4个，各色瓷碗10个。这些文献记载清晰地反映了清代官窑等级制度的严格性，无论从釉色、纹饰还是数量上，都是按照等级进行分配的。

总的来说，清代官窑黄釉瓷的用途广泛且等级分明，分配制度严格且细致。这样的制度不仅彰显了皇权的威严，也反映了当时社会的等级观念和尊卑秩序。

雍正时期被誉为清朝盛世之一，其官窑瓷器在继承前人的基础上大胆创新，以盘、碗、杯、碟和小件器物为主。隽秀典雅的造形特点，小巧玲珑，体现出熟练的工匠精心绘制而成。此时期的黄釉青花缠枝莲纹带盖梅瓶存世数量相对较少，这可能是由于其制作工艺复杂、制作成本较高，同时作为宫廷用具，使用频率相对较低。

当我们从视觉的角度欣赏这件梅瓶时，瓶身的每一根线条和图案都显得优美而精致。器形比例协调，胎薄体轻，大器规整而不厚重。雍正时期的制瓷工艺精湛绝妙，仿古创新，达到了前无古人、后无来者的艺术境界。盖子的设计更是巧妙，与瓶身完美契合，仿佛是一件艺术品。

这件梅瓶是雍正时期瓷器工艺的典型代表，见证了中华民族的繁荣与辉煌，是那个时代瓷器制作的巅峰之作。它不仅仅是一件艺术品，更是一种情感的寄托，蕴含着吉祥寓意、道德理念和审美情趣。它深藏的内涵不仅见证了历史的变迁，也承载了无数的故事和情感。

当我们揭开盖子时，仿佛可以闻到历史的香气、听到岁月的低语。它体现了当时社会的文化、艺术和审美，也告诉我们传统文化始终是我们民族的根和魂。无论岁月如何更迭，人的精神与品质始终是最重要的。

令人惊喜的是：这件梅瓶不仅仅是一件瓷器艺术品，更是无数匠人们智慧和心血的结晶。它历经沧桑，却依然保持着内心的纯真与清新。它告诉我们：在面对生活中的种种困难时，始终保持对美的追求和热爱，这才是真正的智慧和勇气。

这件梅瓶不仅仅是一件瓷器艺术品，还承载了丰富的历史和文化内涵，代表着中华民族的精神和品质。它的存在不仅是那个时代的见证，更是对未来的启示和鼓励。我们无论身处何时何地，当面对生活中的种种困难与挑战时，应当珍视和传承这样的文化遗产，像这只梅瓶一样，让它们在新的时代里焕发新的光彩。

清朝末年，中华大地国贫民弱，招致帝国主义列强的侵略和掠夺。现今存世的另外两个"同胞兄弟"梅瓶：一件被掠夺出境，漂泊异乡，破损不堪；另一件则运至台湾，现藏于台北故宫博物院，但因缺盖而身首异处。唯独只有保存完好、全身无缺的梅瓶现藏于十竹斋。

中华人民共和国成立后的 20 世纪 60 年代，在国家支持下，南京市文物商店（现南京文物有限责任公司）的老先生们通过正规渠道获得了这件国宝级黄釉青花缠枝莲带盖梅瓶的收藏资格。十竹斋以及数代文物工作者为此梅瓶付出了不懈努力，使它有了美好的归宿。

2008 年的"奇迹天工——中国古代发明创造文物展"中，此梅瓶首次亮相，吸引了国内外收藏爱好者的关注。黄釉颜色饱满均匀，青花蓝彩的斑驳程度和覆盖完美，色彩浓艳、清晰，体现了雍正时期瓷器制作的最高水平。无数前来观赏的艺术爱好者，无不惊叹此梅瓶的旷世之美。

从更深层次的角度来看，文物艺术品象征着一种文化的传承。这件清雍正黄釉青花缠枝莲纹带盖梅瓶，更是见证了中华民族传统文化的传承与发展，是千百年来人们智慧的结晶。作为当代中国人，我们应该珍视传统文化，保持先辈的优良传统，不断进取，刻苦钻研，在工作中学习、在学习中工作，不忘初心、牢记使命，将中华民族优良的传统文化传承下去并发扬光大。

国家对于文物艺术品的管理和保护政策也在不断加强，我们应该积极响应，为保护和传承中华民族的传统文化贡献自己的力量。

清乾隆青花螭虎龙出戟双耳扁肚尊

———

严　俊

此件清乾隆青花螭虎龙出戟双耳扁肚尊通体呈圆角长方形，唇口，尊颈两侧置兽耳，腹呈扁圆状，腹下两侧各出两戟，底足外撇，足跟平切无釉。整体器物胎体较重，釉面肥厚，白中泛青，青花色彩鲜艳。颈上部两面各绘两条龙，龙头上方有一圆形"寿"字，形成二龙戏珠的构图。尊颈下部两道细联珠纹夹十字空花纹带，尊腹部两面四个凸出的椭圆形开光内各绘一香草龙并伴有云纹，边饰为卷草纹。尊腹部的两侧绘有八宝纹饰，足部饰回纹。

　　螭耳尊的造形源自早期青铜器，雍正朝已有，乾隆御瓷中更为多见，有青花、粉彩、单色釉（如仿汝、仿官釉）等，而此件民窑出品更为难得。此件精品双耳为螭虎龙耳，是最为典型的中国传统元素，特别在乾隆一朝的各类瓷器、玉器中被广泛应用。螭虎龙样在古代文化中代表着神武、力量、权势、王者风范，极为善变，能驱邪避灾。加之手绘"寿"字纹、香草龙纹、云纹、卷草纹、八宝纹等，都寓意着美好、吉祥。

　　整件器物发色均匀，胎体洁白透青，胎体略厚，青花烧制呈现出很好的发色效果。装饰极为繁复，通体有多层纹饰，完全颠覆了乾隆时期传统的绘画风格。器口处镶金属质插孔，作用疑为花插或香插。整个器物纹饰繁密、端庄古雅，是乾隆时期民窑之精品。

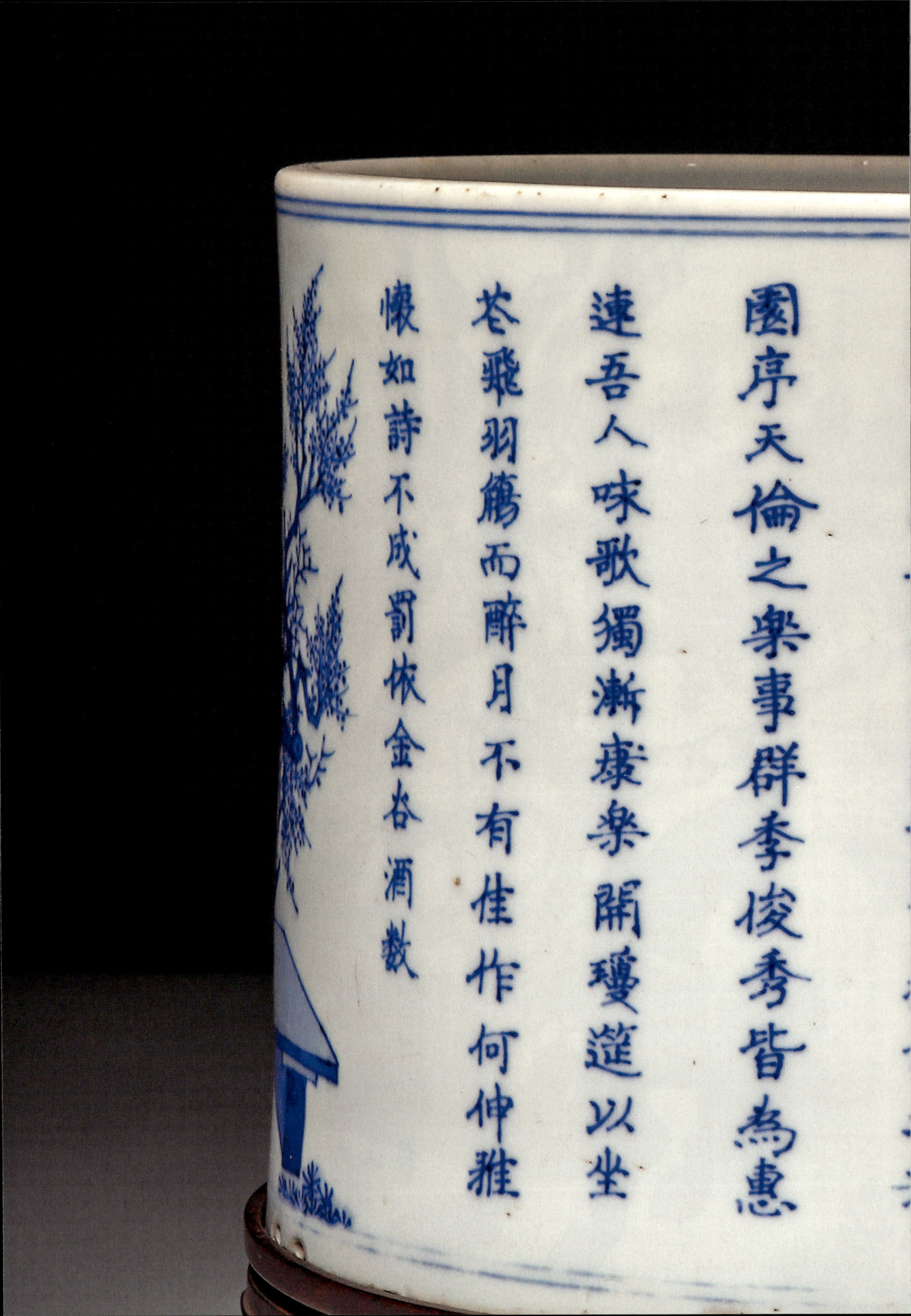

園亭天倫之樂事群季俊秀皆為惠

連吾人咏歌獨漸康樂開瓊筵以坐

蒼飛羽觴而醉月不有佳作何伸雅

懷如詩不成罰依金谷酒數

青花『春夜宴桃李园』图诗文笔筒

·清 康熙·直径17厘米，高14厘米·

豇豆红釉印泥盒

· 清 康熙 · 直径 7.3 厘米 ·

祭
红
釉
盘

·
清
·
康
熙
·
直
径
16
厘
米
·
高
4
厘
米
·
底
径
9.6
厘
米
·

外珊瑚红釉内青花花鸟纹碗一对

· 清 康熙 · 直径 11.6 厘米 · 高 6 厘米 · 底径 5 厘米 ·

茄皮紫釉碗

·清 康熙·直径 12 厘米·

青花矾红海水龙纹盘

·清 康熙·直径 20 厘米·

182

郎窑青花矾红海水龙纹盘

·清 康熙·直径 20 厘米·

184

斗彩万蝠纹盘

· 清 康熙 · 直径 20 厘米 ·

雨佳烟
色
出
晴

十二花神芙蓉花花杯

· 清　康熙 · 高 5 厘米，口径 6.6 厘米 ·

大清康熙年製

斗彩忍冬纹寿字纹盘一对

·清 雍正·直径 21.2 厘米，底径 13.5 厘米·

斗彩忍冬纹寿字小盘一对

· 清 · 雍正 · 直径11.3厘米 · 底径7厘米 ·

200

黄釉青花缠枝莲纹梅瓶·清·雍正·直径12厘米·高26厘米·

斗彩团龙纹罐

·清·雍正·高17.5厘米，口径6.8厘米·

斗彩团花碗一对

· 清 雍正 · 高 5.9 厘米·宽 18 厘米 ·

青花釉里红缠枝莲如意耳瓶

·清·雍正·高19厘米，腹径18.5厘米·

208

霁蓝釉碗一对

· 清 雍正 · 直径 18.5 厘米 · 高 9 厘米 · 底径 8 厘米 ·

祭红釉高足碗

·清 雍正·直径 18 厘米，高 12.5 厘米·

粉彩缠枝宝相花挂铃

·清　乾隆·直径3.8厘米·高5厘米·

218

斗彩八宝十字杵镗锣洗

· 清 乾隆 · 口径 15.2 厘米 ·

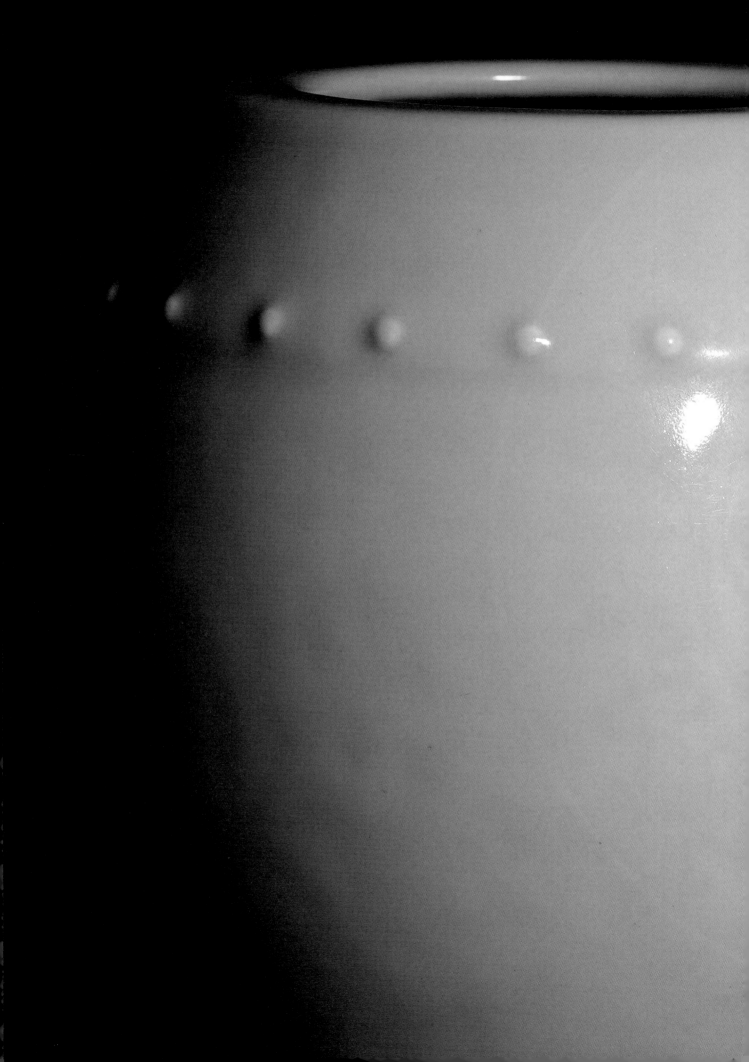

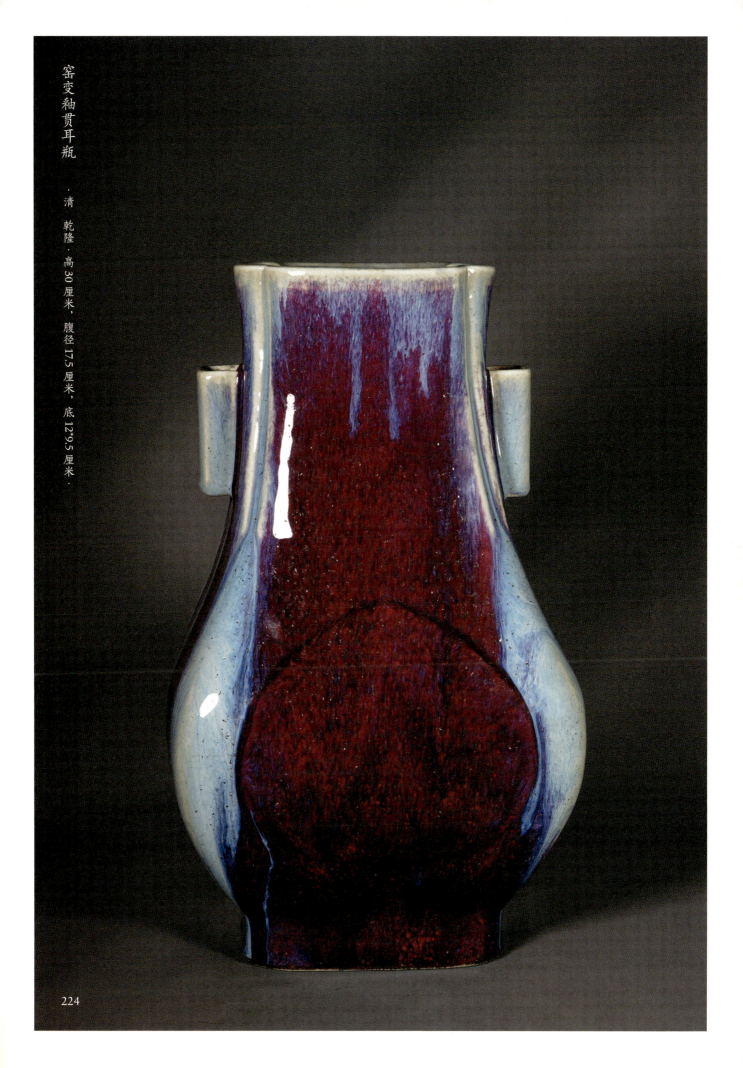

窯變釉貫耳瓶

· 清 乾隆 · 高 30 厘米 · 腹徑 17.5 厘米 · 底 12*9.5 厘米 ·

青花粉彩花神诗文瓶

· 清 乾隆 · 高 45 厘米 · 腹径 27.8 厘米 ·

226

矾红甘露瓶

·清 乾隆·高 22.5 厘米，底径 12 厘米·

黄地洋彩凤穿牡丹纹吉庆绶带耳瓶

·清 乾隆 · 高 37.8 厘米 ·

窑变釉七弦纹赏瓶

·清·乾隆·高35.8厘米·

青花开光双耳扁肚尊

·清　乾隆·肚宽 11 厘米，耳宽 12.5 厘米，高 16 厘米，底部 8.5 厘米 × 6.5 厘米；口部 8.2 厘米 × 6.5 厘米·

渡晚雲　榆塞飛吋　依沙崦　洲宿処

【印】臣國

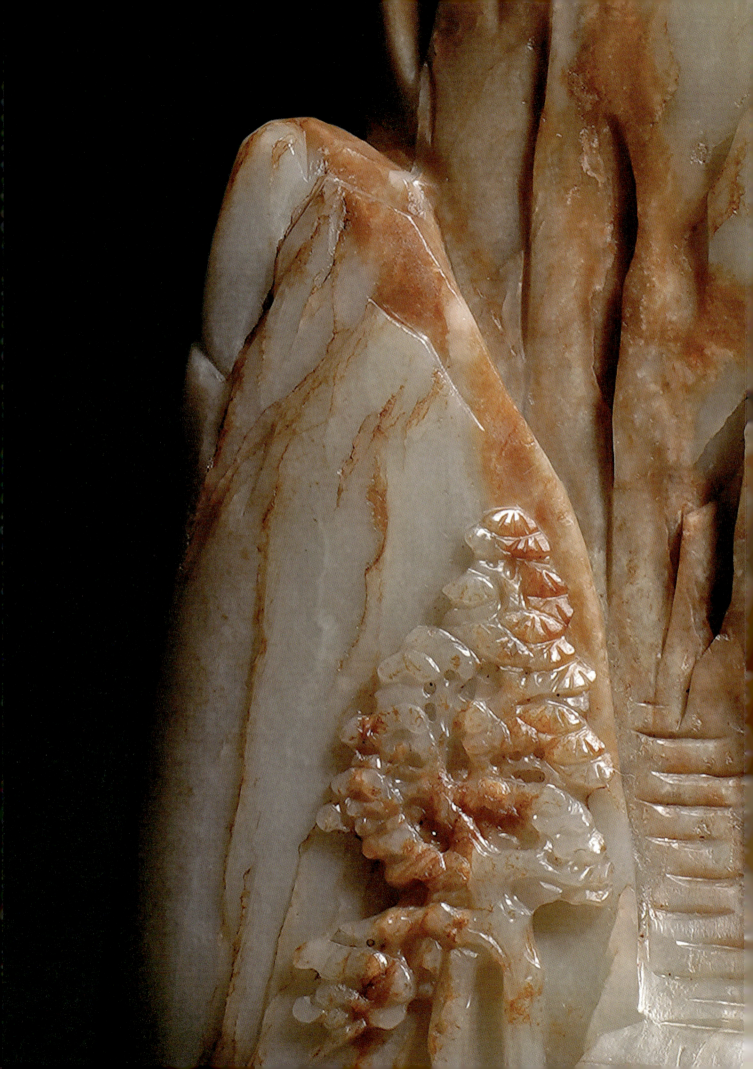

玉雕人物山子摆件

·清　乾隆·高 22.7 厘米·宽 20.8 厘米·

238

敬畏堂制青花茶圆一对

· 清 · 直径 ∞ 厘米 ·

敦睦堂制粉彩花卉方杯

· 清 · 直径 8 厘米 · 高度 6.5 厘米 ·

244

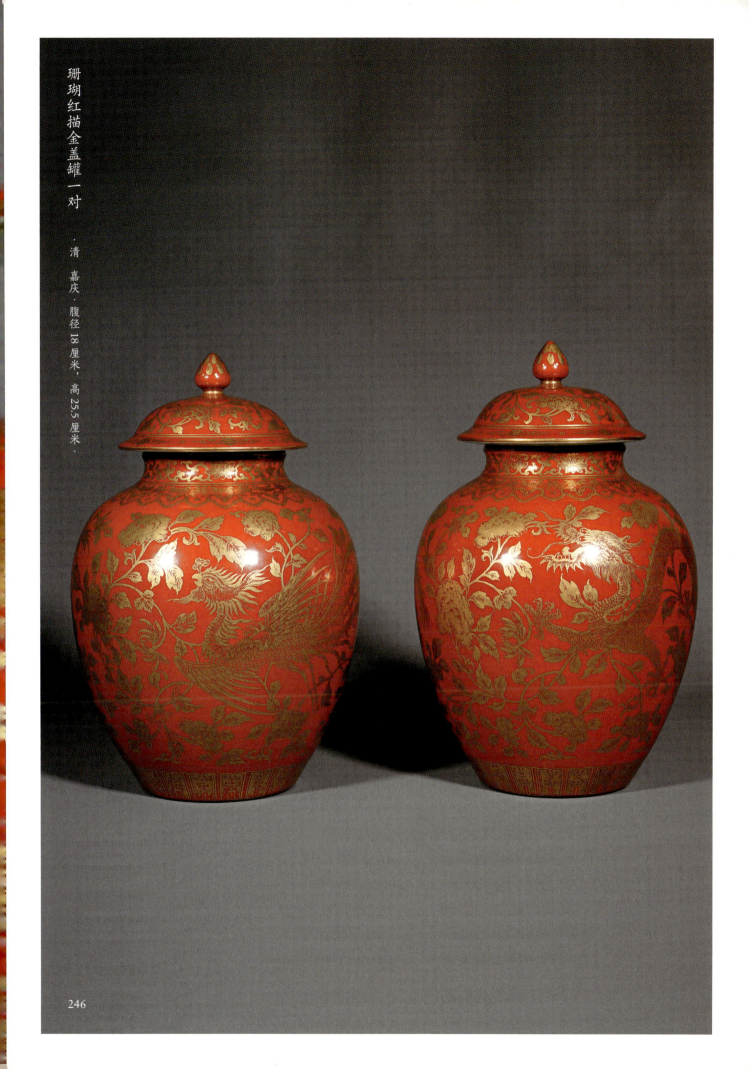

珊瑚红描金盖罐一对

·清 嘉庆·腹径18厘米，高25.5厘米·

珊瑚红地五彩描金婴戏图碗

·清 嘉庆 ·直径21厘米 ·高10厘米 ·底径7.5厘米 ·

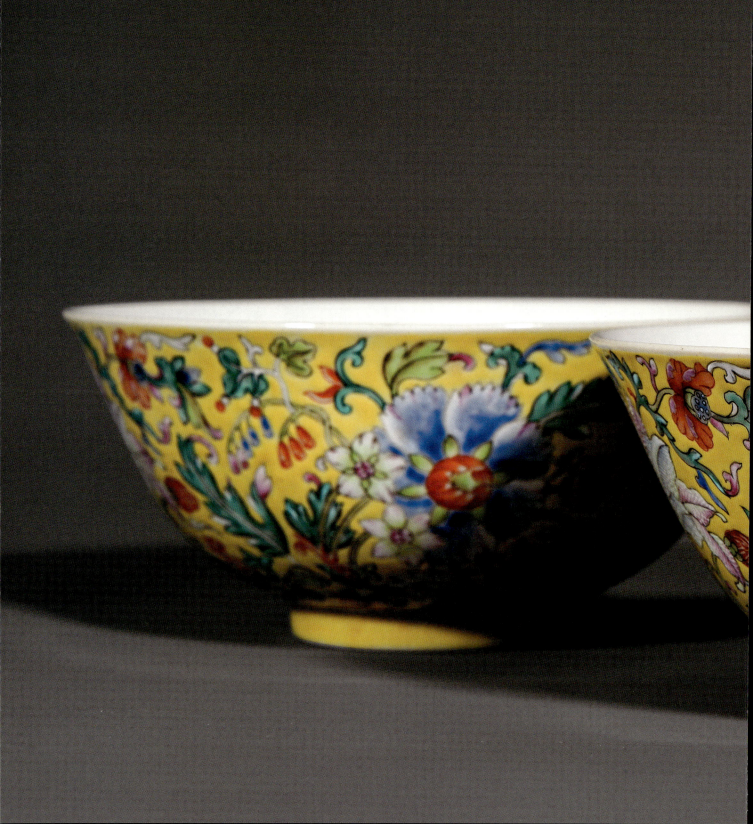

黄地洋彩花卉纹碗一对

·清 道光·口径14.7厘米·

秋天是收获的季节，在全国各地文物商店和知名收藏家的大力支持下，我们收获了"盛世御窑——国有文物商店典藏瓷器精品展"，也迎来了《盛世御窑》的出版。

秋天是南京最美的季节，我们把青花、绿釉、霁蓝、甜白、茄皮紫、浇黄釉、釉里红、豇豆红、珊瑚红……呈现给大家，让南京在这个秋天里色彩绚烂至极。

2023 年，十竹斋拍卖迎来了成立后的第二十个年头。二十载光阴，如长诗一首。二十年，我们正青春；二十年，我们在坚持；二十年，我们期冀通过我们的努力，更进一步。

感谢二十年来为"十竹斋"融合城市历史、助力城市美好而默默付出的各位前辈、老师和同仁，是你们让我们有了坚持的能力和信心。

感谢南京城墙博物馆为"盛世御窑——国有文物商店典藏瓷器精品展"提供的场地，让我们领略到六百年间文化的交融与传承。

感谢耿宝昌先生为我们题写的"盛世御窑"展标和书名。先生常说"活到老、学到老"，这最简单朴素的道理，是我们的信条，要一直践行。

最后，感谢江苏凤凰美术出版社和我们这个团队。

（作者系南京十竹斋拍卖有限公司总经理）

方萌

癸卯年晚秋于十竹斋

图书在版编目（CIP）数据

盛世御窑：国有文物商店典藏瓷器 / 十竹斋艺
术集团编著 . -- 南京：江苏凤凰美术出版社，2024.2
ISBN 978-7-5741-1625-2

Ⅰ．①盛… Ⅱ．①十… Ⅲ．①瓷器（考古）- 中国
Ⅳ．① K876.3

中国国家版本馆 CIP 数据核字（2024）第 036154 号

责任编辑 · 曲闵民　赵　秘
责任校对 · 唐　凡
责任监印 · 生　嫄
责任设计编辑 · 樊旭颖
书籍设计 · 赵　秘
设计指导 · 曲闵民

书名 · 盛世御窑：国有文物商店典藏瓷器
编著 · 十竹斋艺术集团
出版发行 · 江苏凤凰美术出版社（南京市湖南路1号　邮编：210009）
制版 · 南京新华丰制版有限公司
印刷 · 南京爱德印刷有限公司
开本 · 889 mm × 1194 mm　1/16
印张 · 25.5
版次 · 2024 年 2 月第 1 版
印次 · 2024 年 2 月第 1 次印刷
标准书号 · ISBN 978-7-5741-1625-2
定价 · 680.00 元

营销部电话 · 025-68155675　营销部地址 · 南京市湖南路 1 号
江苏凤凰美术出版社图书凡印装错误可向承印厂调换